Susan Sontag

The Complete
Rolling Stone Interview

我不喜歡站在起點

也不喜歡看到終點

桑塔格《滾石》雜誌訪談錄

強納森・科特 Jonathan Cott／著

黃文儀／譯

他帶來思想上的衝擊，付出的代價卻使他成了思想上的流浪者，遊蕩在一片未曾開拓的思想荒原，冀求沿著這條路前行，能在地平線彼端找到另一處安身之地。他們這樣的人既不知順從為何物，也不輕易滿足於現狀。他們只是一群漂泊不定的異人。

——范伯倫[1]

每當一個人死去，我們也就失去了一座圖書館。

——古代基庫由（Kikuyu）[2]諺語

1 Thorstein Veblen, 1857-1929。美國經濟學家、社會學家。代表作為《有閒階級論》（*The Theory of the Leisure Class*）。此段引文出自作者發表於一九一九年的文章〈論近代歐洲猶太人智識上的卓越〉（The Intellectual Pre-Eminence of Jews in Modern Europe）。

2 基庫由是肯亞人口最多的族群。

前言

政治哲學家漢娜・鄂蘭（Hannah Arendt）曾寫道：「關於心智生命，一個人設想的唯一可能隱喻就是活著的感覺。沒有呼吸的生命，人類的身體只是一具空殼；沒有了思想，人類心智就宣告死亡。」[3]蘇珊・桑塔格同意這個觀點。在她的日記與筆記第二部（作者注：《正如身體駕御意識》〔*As Consciousness is Harnessed to Flesh*〕）中，她宣稱：引用對中文書「對我而言，聰明才智並不表示將事情做得『更好』。這是我存在的唯一方式……我知道我害怕消極（與依賴）。運用我的心

[3] 出自鄂蘭《心智生命》（*The Life of the Mind*）一書。

智，會讓我覺得積極（自主）。這非常好。」

生於一九三三年、卒於二〇〇四年的桑塔格身兼社會評論家、小說家、劇作家、導演與政治運動者多重身分。她的一生，見證了活於一個思考的生活與思考人們的生活這兩者間不僅互補，而且可以讓生命更豐富。自從一九六六年出版第一本隨筆集《反詮釋》（*Against Interpretation*）起，桑塔格對「普羅」和「精緻」文化之間的忠誠就從未動搖。在這本筆調輕快、平易近人的隨筆集中，內容涵蓋了從至上女聲三重唱（The Supremes）到西蒙・韋伊[4]，從電影《聯合縮小軍》（*The Incredible Shrinking Man*）至《穆里愛》（*Muriel*）[5]。如同她在該書三十週年紀念版前言裡所說的：「倘若我必須在搖滾樂團『門』（The Doors）與杜斯妥也夫斯基之間二擇一，那麼——當然——我會選擇後者。但我非選不可嗎？」

作為一名「藝術情色」的倡導者，桑塔格與法國作家羅蘭・巴特（Roland Barthes）的共同點不僅在於他所謂「文本的愉悅」，也是她所描述的巴特的「心智生命作為欲望生命的視角，以及充滿智慧與愉悅的生命視角」。在這方面，她追隨了華滋華斯（William Wordsworth）的腳步。華滋華斯在他的《抒情歌謠》序言中，將詩人角色定義為「帶給人類直接的愉悅」，而這項他承擔的任務，是作為「一個對宇宙之美的謝禮」以及「對人類自然天生尊嚴的致敬」——華滋華斯強調，對他這個用愛關注世界的人而言，要將前述原則付諸實行，實是輕而易舉。

在一則日記中，桑塔格自問：「為何我感到強壯？」她的答案是「因為我活在愛與工作中」，而且她也忠於「心靈的熱情狂喜」。很清楚地，對桑塔格而言，愛、欲望與思考，基本上都是本質相近的活動。一位桑塔格極為欣賞的作家，同時是詩人與古典學者的安妮・卡森（Anne Carson）在她的傑作《愛：苦樂參半》（*Eros the Bittersweet*）中假設「愛神在戀人心中產生作用的方式，與認知在思想家心靈中產生作用的方式似乎有共通點」。她還補充：「當心靈與外界接觸渴望求知，欲望的空間就隨之擴增。」桑塔格在她評論羅蘭・巴特的文章中，也表達了類似觀點，她說：「寫作是一種擁抱，也是被擁抱；每個想法都在向外接觸。」[6]

---

4 Simone Weil, 1909-1943。法國哲學家，積極參與政治活動。著有《莊重與仁慈》（*Gravity and Grace*）、《壓迫與自由》（*Operation and Liberty*）等書。

5 亞倫・雷奈（Alain Renais, 1922-2014）的作品。雷奈是法國新浪潮電影時期「左岸派」電影代表人物之一，關注社會與政治議題，作品中也常見時間與記憶的主題。其長片《廣島之戀》被譽為現代主義開山之作。

6 引自桑塔格文章〈寫作本身：論羅蘭・巴特〉（Writing Itself: On Roland Barthes）。

一九八七年，在美國筆會中心（PEN American Center）一場向亨利．詹姆斯[7]作品致敬的研討會中，桑塔格進一步闡述安妮．卡森關於欲望與認知密不可分的概念。桑塔格駁斥一般認為詹姆斯詞彙枯燥、抽象的評價，她認為「實際上，他的詞彙是豐厚的、充實的、欲望的、歡悅的、狂喜的。在詹姆斯的世界裡，永遠都是更多（more）——更多的文本、更多的意識、更多的空間、空間中更多的複雜性、更多供意識咀嚼的食糧。他在小說中立下了欲望的原則，這對我而言相當新鮮。這是認知論上的欲望，想知的欲望，如同肉欲一般，偶爾還模仿或取代了肉欲。」在她的日記裡，桑塔格以「熱情、欲望、渴望、憧憬、嚮往、無法饜足、著迷、愛好」一連串詞彙來描述「心智生命」。不難想像，當安妮．卡森承認「墜入愛河，以及從未知到已知讓我真切感受到活著」時，或許桑塔格會同意卡森也說中了她的心聲。

終其一生，桑塔格都在挑戰和顛覆男／女、老／少等刻板範疇，因為這些範疇誘使人們甘於活在一個受限的安穩生活裡。她持續不懈地檢驗、測試她的想法，意即假設思想與感覺、形式與內容、道德與美學、意識與感性這些對立的事物實際上可簡單看成彼此的一部分——就像天鵝絨的絨毛，順著或逆著毛向撫摸，會顯現兩種紋理與兩種感覺，呈現兩種顏色和兩種理解。

比如說，桑塔格在她發表於一九六五年的文章〈論風格〉（On Style）如此寫道：「把蘭妮・萊芬斯坦[8]的《意志的勝利》與《奧林匹亞》稱為傑作，並不是以美學寬容掩飾納粹的宣傳意圖。其中確實存在著納粹的宣傳意圖，但也有別的……聰明、優雅與感性的複雜動態。」十年後，在《迷人的法西斯》中，逆毛撫摸的她，將《意志的勝利》評為「有史以來最純粹的宣傳影片，其核心概念推翻了導演的美學或視覺概念能夠獨立於宣傳的可能性」。桑塔格對此可能會做出這樣的解釋，也就是她以往注重的是「內容中形式的弦外之音」，但後來她希望探討的是「隱含於特定形式概念中的內容」。

桑塔格描述自己是「如癡如醉的唯美主義者」與「著魔的道德主義者」，也許

---

7 Henry James, 1843-1916。美國小說家，但人生大部分時間都在英國度過，公認為十九世紀寫實主義代表人物之一。

8 Leni Riefenstahl, 1902-2003。德國電影導演。《意志的勝利》記錄了一九三四年納粹紐倫堡黨大會，是她最著名作品之一。但也因為這部紀錄片，讓她在二次世界大戰結束後，被指控為納粹幫兇。而《意志的勝利》也遭到禁播，直到二〇〇四年才解禁。

她會因而同意華滋華斯的看法，意即「除了愉悅的產物之外，我們對一切無動於衷」，以及「無論我們如何對痛苦報以同情，我們將會發現，同情藉由與愉悅微妙地混合，得以產生與持續」。因此，當桑塔格全盤擁抱她所謂「多樣性複數文化」的愉悅時，我們無需訝異。她從未停止「觀看他人之痛苦」[9]——這是她臨終前最後一本書的書名——也始終致力於減輕這種痛苦。

一九六八年，作為美國反戰運動者的一員，桑塔格接受北越政府之邀，前往河內訪問。她在日記中，稱這次經驗「讓自己重新評價自身的認同、意識形式、文化精神形式、『真誠』的意義、語言、道德抉擇，以及心理層面的表達」。二十年後，在一九九〇年代初，她先後九次前往滿目瘡痍的塞拉耶佛（Sarajevo）城，親眼目睹此城三十八萬名居民因長期圍困而飽嘗苦難[10]。一九九三年七月，在她第二次造訪時，一位生於塞拉耶佛的戲劇製作人，邀請桑塔格擔任導演，與塞城幾位傑出的專業演員合作，排演貝克特（Samuel Beckett）的《等待果陀》（*Waiting for Godot*）。狙擊槍的槍聲及迫擊彈的爆炸聲，為彩排與正式演出提供了背景音效。公演時，政府官員、塞城重點醫院的外科醫生、前線士兵及許多行動不便與悲痛的居民紛紛到場觀看。在《旁觀他人之痛苦》這本書中，她寫道：「一個總是訝異於人類的墮落，並對人類有能力對他人親手犯下陰森暴行的證據持續感到幻滅（或不願置信）的人，於道德或心智上尚未成熟。」如同她曾宣稱的：「若沒有利他主義，真正的文化是不可能存在的。」

我初次遇見桑塔格時，是一九六〇年代初，當時她正在哥倫比亞大學教書，而我是那裡的學生。整整三年，我不僅為哥倫比亞學院[11]一份日報《哥倫比亞觀察者》（*Columbia Spectator*）的文學副刊寫稿，同時也身兼編輯之職。一九六一年，她曾為我們寫了一篇關於諾曼・布朗[12]《生與死的對抗》（*Life Against Death*）的評論，日後也收錄進她的《反詮釋》。當我讀了這篇文章，某天下午我便忍不住大膽走進

9 臺版譯為「旁觀他人之痛苦」（Regarding the Pain of Others）。Regarding 有「關於」、「觀看」等義，本書根據上下文語意，採用後者。

10 一九九二年，波士尼亞脫離南斯拉夫聯邦，引發內戰。南斯拉夫軍隊在控制區內大舉屠殺回教徒與克羅埃西亞後裔居民，進行「種族滅絕」，並長期封鎖波士尼亞首都塞拉耶佛。此次圍城長達近四年，從一九九二年四月五日到一九九六年二月二十九日。

11 哥倫比亞大學附屬學院之一。

12 Norman O. Brown, 1913-2002。美國作家、精神分析學家。

她的辦公室，說我非常欣賞她的見解。那天之後，我們還一起喝過幾次咖啡。

一九六四年從哥大畢業後，我搬到柏克萊，在加州大學研讀英國文學。當我一抵達柏克萊，立即感受到自己身處在一波嶄新的美國社會、文化與政治覺醒浪潮中。詩人華滋華斯在兩世紀前、法國大革命爆發之初曾說：「能活在那個黎明即是幸福。」而在當時的柏克萊，人們再次體會到生活真正的戲劇化。無論你去哪裡，都彷彿是巴布．迪倫（Bob Dylan）在《心亂如麻》（*Tangled Up in Blue*）裡唱的「音樂籠罩著夜晚的咖啡館，空氣中瀰漫著革命的氣息」。三十多年後，桑塔格在《反詮釋》再版前言中寫道：「如今回想起來，與之相關的一切似乎都美妙無比。人們多希望那時的無畏精神、樂觀主義以及對商業的蔑視多多少少能殘存下來。具有鮮明現代意義的情感，其兩端分別是懷舊心情與烏托邦情結。也許，如今被貼上『六〇年代』標籤的那個時代最有趣的特徵之一，就是幾乎沒有什麼懷舊色彩。從這個意思上來說，那個年代確實是一個烏托邦時代。」

一九六六年某個午後，我極其幸運地在柏克萊校園裡巧遇了蘇珊。她告訴我，柏克萊校方邀她來演講。我和她提到，我正為KPFA[13]製作與主持一檔形式相當自由的深夜廣播節目。而與她碰面的那天晚上，我與朋友湯姆．路迪（Tom

Luddy）——不久之後出任太平洋電影資料館館長——正好要訪問電影導演肯尼斯・安格[14]，談他的電影《天蠍星升起》（*Scorpio Rising*）。我問蘇珊是否願意加入晚間的對談，她一口就答應了。（作者注：在她的日記中，蘇珊將安格的《極樂大廈揭幕》（*Inauguration of the Pleasure Dome*）列入「最佳影片」之一。）

一九六七年，我搬到倫敦，擔任《滾石》雜誌首位駐歐編輯，而一九七〇年當我返回紐約時，依舊替《滾石》工作、寫稿。蘇珊和我有一些共同朋友，接下來的幾年內，不管在紐約還是在歐洲，我們偶爾會發現彼此都出席了同一場晚宴、電影放映會、音樂會（作者注：搖滾樂與古典樂都有）以及人權運動的活動。我始終想幫《滾石》採訪她，但對於跟她開口又裹足不前。然而，到了一九七八年二月，我認為時機已經成熟。前一年她出版了廣受好評的作品《論攝影》（*On Photography*），而她的另外兩本書也即將面世，其中一本是《我，及其他》（*I, etcetera*）——她對這部八篇短篇小說集的評語是「一系列第一人稱的冒險」；另一

---

13 加州柏克萊市的廣播節目，於一九四九年開播，主要播送範圍為舊金山灣區。

14 Kenneth Anger, 1927-。美國前衛實驗電影代表人物之一。

本則是《疾病的隱喻》（*Illness as Metaphor*）——因為乳癌的緣故，蘇珊在一九七四到七七年這段時間不但動了手術，也持續接受治療。而身為一名癌症患者的親身經驗促使她動筆寫下這本書。所以，當我下定決心問她是否願意接受採訪，並建議用這三本書當作我們對談的起點時，她毫不猶豫地答應了。

不少作家都覺得，接受採訪就好比是詩人雷克斯羅斯[15]在參加完一場格外討厭的雞尾酒宴後所說的，那是「晚餐前故意找茬」。卡爾維諾（Italo Calvino）就是其中之一。在短文〈一次訪談前的想法〉（Thoughts Before an Interview）中，他抱怨道：「每天早晨我都會告訴自己：今天我一定要寫點東西。然後就會有事發生，讓我無法專心工作。今天……今天有什麼事情是我必須做的嗎？噢，對了，他們要來採訪我……神哪，救救我吧！」不過，至今為止最抗拒採訪的人當屬諾貝爾文學獎得主柯慈（J.M. Coetzee）。他在接受大衛．艾特威爾（David Attwell）訪談時宣稱：「假如我有點遠見，打從一開始我就不會跟記者有任何瓜葛。採訪十之八九都是跟一個陌生人打交道，但這個陌生人卻因為採訪這種文類慣例的關係，竟能逾越平日陌生人打交道時的分寸……對我而言，真相是關於靜默、關於反思、關於書寫的實踐。說話並非真相的根源，而是一種沒有生氣的、暫定版的寫作。法官或採訪者出其不意揮出的長劍並無法揭示真相。相反地，那是一種武器、一個符號，透過這個符號，從而顯現出訪談固有的衝突本質。」

桑塔格則截然不同。「我喜歡『訪談』這種形式」，有一次她這麼告訴我，「因為我喜歡交流，喜歡對話。我的許多想法都來自與別人的對談。在某種程度上，寫作最困難的部分莫過於在那過程中，我是孤零零的，能夠對話的人只有自己，這根本是反常的活動。我喜歡跟人說話——對話讓我不至於離群索居，而且讓我有機會釐清自己的想法。我對『聽眾』（the audience）不感興趣，因為那只是個抽象名詞，但我無疑想了解每一個人在想什麼，而那需要面對面的溝通。」

在一九六五年的一則日記裡，她坦承：「除非我聽起來如同莉莉安・海爾曼[16]在《巴黎評論》（*Paris Review*）訪談中那樣的清晰、值得信賴與一針見血，否則我

---

15 Kenneth Rexroth, 1905-1982。美國詩人與翻譯家，為舊金山文藝復興運動的中心人物，寫過許多情詩，也翻譯不少中、日古典詩。曾與鍾玲合作翻譯女詩人李清照等人的詩作。

16 Lillian Hellman, 1905-1984。美國著名左翼作家、電影劇作家。五〇年代時，曾受美國麥卡錫主義迫害，直到一九六〇年，才重獲發表機會。

不會接受任何採訪。」十三年後，六月中旬的某個晴朗下午，我來到她位於巴黎十六區的家。我和她分別坐在客廳的兩張長沙發上。在沙發間的桌子上，我擺好我的卡式錄音機。聽著她清晰、可靠、一針見血地回答我的問題，毫無疑問，她已經達到多年前她為自己設下的目標。

有別於我所採訪過的其他對象——除了鋼琴家顧爾德（Glenn Gould）以外——桑塔格不是一句句地說，而總是用字斟酌、思緒縝密地以一整個篇幅的內容來回應。最令我驚訝的是其準確度，以及「道德與語言上的小心精準」——如同她曾經形容亨利．詹姆斯的風格——她藉此表達並闡述自身的想法，以括號與限定詞來校準她企圖傳遞的意義（「時常」、「偶爾」、「通常」、「大部分」、「在幾乎所有的情況下」）。其談話的豐富與流暢，正是法國人說的「沉醉於言語之中（ivresse du discours）」。她曾在日記中說：「我著迷於創意的對話。」她更進一步說：「對我而言，那就是讓我獲得救贖的主要方法。」

但在聊了三個小時之後，蘇珊告訴我，她因為晚餐有約，需要先休息一下。我知道我已經有足夠的資料來完成我的《滾石》雜誌採訪稿。然而，出乎我的意料，她說，她很快就會搬回紐約住上六個月。既然她還有很多主題想談，因此，她問我願不願意在她回紐約後繼續我們的對話。

五個月後，在十一月一個寒冷的下午，我來到她那位於河濱大道（Riverside Drive）與一〇六街（106th Street）上可以俯瞰哈德遜河的寬闊頂層公寓。她的公寓裡藏有八千本書，她稱這個私人圖書館為「我個人的檢索系統」以及「我的渴望檔案館」。就在那個神聖的地點，她和我坐著，一路聊到那天傍晚。

一九七九年十月，《滾石》雜誌曾刊登這次訪談的三分之一內容。如今，我終於首度能發表該訪談完整版本，一次我在三十五年前有幸在巴黎與紐約進行的，與桑塔格這樣一位出色、激勵人心的人的訪談。對我而言，在一九九六年一篇短文〈給波赫士的一封信〉（A Letter to Borges）中，桑塔格將她身為知識分子的信條——我總是這麼想的——做了無比動人的表述：

「你說我們現在和曾經有過的一切都歸功於文學。如果書籍消失了，歷史會化為烏有，人類也會隨之滅亡。我相信你是對的。書籍不僅是我們夢想與記憶的任意總和，也提供我們自我超越的榜樣。有些人認為讀書只是一種逃避：從『真實的』日常生活逃到一個想像的世界、一個書本的世界。書本遠不只如此。它們是使人得以為人的一種方式。」

問：四年前當妳發現自己得了癌症時，妳開始思考自身的疾病。這讓我想起尼采曾說過：「對一個心理學家來說，很少有像健康與哲學的關係那麼有吸引力的問題。而且萬一這個心理學家病了，他會投入全副科學的好奇心來研究他的疾病。」這就是為什麼妳會開始思考疾病作為隱喻嗎？

答：沒錯，生病的事實確實讓我開始思考疾病的問題。任何發生在我身上的事情都會成為我的思考對象。思考就是我的工作之一。假如我遭遇空難，還是唯一的倖存者，我也許會對航空史非常感興趣。我很確定過去兩年半的經驗將會在我的小說中出現，雖然會以一種極為不同的形式。但以寫評論那一面的我來說，我所要問的並不是「我經歷了什麼？」而是「在疾病的世界中，發生了什麼事？」「人們是怎麼想的？」我逐一梳理我的想法，是因為我有許多關於疾病的想像，特別是癌症。我從來沒有把疾病的問題特別放在心上。所以，假如不認真思考，即便是那些最能啟迪人心的言論，也不免會重複一些陳腔濫調。這不是我給自己指派了一項任務：「好吧，現在我病了，所以我要開始思考這件事。」我只是「在」思考。你躺在病床上，醫生走了進來，然後他們「交談」……你聽著那些話，開始想他們正在對你說什麼、你接收了什麼資訊，以及你怎麼評估那些訊息。但你難免也會想，這些人說話的方式為何如此奇特，然後你明白他們之所以如此，是因為在疾病的世界中有一整套獨特的信仰。你可以說，我「哲學化」了整件事——雖然我並不喜歡用這樣做作的詞彙，因為我非常喜愛哲學。但在比較寬泛的意思上，一個人可以哲學化「任何事」。比方說，當某人墜入愛河的時候，他會開始思考什麼是愛，假如他生性如此。

我有個朋友是普魯斯特（Marcel Proust）的專家。某天他發現妻子有了外遇，他不僅妒火中燒，也深受打擊。在那之後，他告訴我，他開始用全然不同的視角去讀普魯斯特關於嫉妒的篇章。他開始思考嫉妒的本質，並進一步深化那些概念。如此一來，他在普魯斯特的文本及他自身經驗之間建立起一種全新的關係。他確實為妻子的背叛而受苦——關於他的心痛沒有一絲作假，而且用這種方式思考嫉妒也沒法幫他逃開殘酷的現實——只不過直到此刻為止，他從未經歷過如此深刻的嫉妒。從前他讀到普魯斯特關於嫉妒的文字時，就像一般人在讀不是自己人生一部分的東西一樣——如果未曾親身體會，文本並不會跟你產生共鳴。

問：假使我病態嫉妒著什麼，我不確定那時我會想讀任何關於嫉妒的文字。同樣地，對我來說，生病這件事，以及像妳一般地思考它，似乎在某種程度上需要很大的努力，甚至要盡可能地超然。

答：恰好相反，我需要費盡力氣「不」去想。世界上最簡單的事情就是去想自己到底怎麼了。一個人躺在醫院裡，想著自己快死了，對我而言，那必須相當超然才能「不」想。而我最需要保持超然的時候，是為了逃避一個因為我病了所以沒法工作，也不能繼續寫《論攝影》的處境。那真令人抓狂。當我終於有重返工作的「可能」時——那差不多是診斷出癌症的六、七個月後——我還沒寫完《論攝影》，即便我在腦子裡已經打好草稿，只需要寫出來，用一種既吸引人又生動的方式好好地寫、仔細地寫。但只要一想到，我正在寫一本與我現下生命並無關聯的作品，這念頭就令我受不了。我只想寫《疾病的隱喻》，因為在我生病的頭一個月或第二個月時，我立刻有了這本書的全部構想。而我不得不強迫自己把注意力重新轉回《論攝影》的寫作上。

聽著，我想要的只是全然地活在當下——真正地活在我所在之處，與我自己同時「處在」我的生活之中，全心投入這個世界，包括我自己。我不是世界，世界也不等同於我，但我身處其中，並關注著它。那就是身為一個作家的職責——作家關心現世。我非常反對唯我論所謂「一切都在你腦子中」的觀點。那是錯的。確實有一個世界存在著，無論你在不在其中。而且對我而言，倘若我有一個極糟糕的經驗，書寫這個自身經驗會比去做另一件事以試圖逃離它要容易得多。因為後者只是把你撕裂成兩半。人們說我肯定是保持相當超然的心態才能寫下《疾病的隱喻》，其實一點也不是。

問：也許「疏遠的」（distant）是更準確的詞彙？我注意到這個用詞常常出現在妳的文章中，在不同的脈絡裡，例如妳在《論風格》裡提到：「一切藝術作品皆奠基於與其所呈現的事物保持一定的距離（distance）……正是這種距離的程度，對距離的熟練運用，以及所採用的手法，才確立這件作品的風格。」

答：不，不是疏遠。也許你比我還熟悉我的作品……這不是諷刺，因為我很可能不完全熟悉這個過程。但我一點也不覺得疏遠。於我而言，寫作並非總是一種享受，反而既累人又乏味，因為在定稿之前，我總會一改再改。然而，儘管我得等上一年才能著手寫《疾病的隱喻》，這本書卻是我寫得非常快的少數例子之一，而且寫得很開心，因為我終於可以連結我生命中每天發生的事情與寫作。

大約有一年半的時間，我每星期有三天要去醫院報到，聽著這種特殊的語言，看著人們為這些愚蠢的想法受盡折磨。《疾病的隱喻》以及關於越戰的那些文章也許是我生命中唯二的例子，我知道我所寫的不僅真實，而且能以一種直接、實際的方式有益於人。我不清楚我談攝影的那本書是否實用，除了以一種最廣泛的意義上來看，它讓人們覺醒，讓事情變得更加複雜，雖然我覺得這是好事。然而，我知道人們會因為讀了《疾病的隱喻》而去尋求適當的治療——以往只接受某些心理療法的人，現在會因為我的書而接受化療。這不是我寫這本書的唯一理由——我寫它是因為我覺得我說的是真相——但我的作品能幫助別人，真的讓我很高興。

問：若照尼采說的「有些人哲學化他們自身的損失；有些人則哲學化他們的富足與力量」，那麼，有趣的是，儘管妳為疾病而苦，但妳的「損失」卻未化為一個哲學意義上「虛弱的」論著。妳反而寫出非常豐富強壯的作品。

答：一開始我就這麼想的……對了，沒錯，有人告訴我，我的死期可能不遠了，因此我要面對的不只是一個疾病和痛苦的療程，還有一兩年後的死亡。除了擔憂、恐怖，以及承受身體上的痛楚，我徹徹底底地嚇壞了。我那時體驗到肉體上最真切的恐慌，但也感受到快樂與極度的興奮。我覺得，彷彿某種很棒的事情就要發生了，彷彿我踏上了一場冒險之旅——它原是一場困於疾病並處在垂死邊緣的旅程，而現下的我，卻願意接受死亡，這是多麼地不尋常。我不想說，這是一個正面的經驗，因為那聽起來很廉價，但沒錯，這個經驗有積極的一面。

問：所以，在某種程度上，妳的經驗並未全然「癌症化」妳的思考過程。

答：是的，就在得知我自己罹患癌症的兩週後，我整理了自己的思緒。首先我考慮的是：我到底做了什麼才會受此懲罰？我的生活方式有問題。我一直太過壓抑。沒錯，五年前我承受了巨大的悲痛，所以癌症必然是極度沮喪的結果。然後我問我的一個醫生：「你認為哪些心理因素會導致癌症？」他告訴我：「這麼多年來，人們對疾病總有些可笑的看法，但當然沒一個是對的。」他完全否決了我提出的可能性。於是，這讓我想到結核病，接著整本書的論點就成形了。我也下定決心，我不要再為此內疚。跟其他人一樣，或許更嚴重，我對生病相當內疚，但我並不喜歡這種想法。尼采對罪惡感的看法是對的，那真的很糟。我寧可感到羞恥。因為那比較客觀，而且關乎自身的榮譽感。

問：妳在越南之旅那篇文章中，提過恥文化與罪文化的差異。

答：這兩種文化之間顯然有重疊之處——一個人可以因為沒有達到某種標準而感到羞恥。但人們確實會因為生病而懷有罪惡感。每當我發現我的生活一團亂，比方說，跟不對的人交往，或在某種意義上陷入絕境——就是那種會發生在任何人身上的事——我總是傾向自己負起責任，而非歸咎他人。我討厭把自己視為受害者。我寧可說，好吧，是我選擇愛上這個事實上是大混蛋的人。這是「我的」選擇，而我不喜歡怪罪別人，因為改變自己比改變他人容易多了。所以，不是我不願負責，而是對我而言，當人們生了病，還是重病時，就像是被車猛然一撞。我也不覺得去擔心生病的原因會比較合理。合理的做法是盡可能保持理性，去尋求正確的治療方式，並且認真地想活久一點。如果沒有半點求生意志，我們就成了疾病的共犯。

問：約伯（Job）沒有罪惡感——他頑固且憤怒[1]。

答：我也非常頑固。但我並不生氣，因為沒有可生氣的對象。你沒法對自然生氣，也不能對生物的規律發怒。我們遲早都會死——這是很難接受的事情——而且沒人能逃離。在我們的腦子裡，彷彿有個人被困在一具正常來講只能活七、八十年的身體裡，健康狀態也大致還不錯。不過，從某一時刻起，這具身體開始走下坡，然後在你的人生約莫走了一半時，你眼見自己的肉身開始毀壞，卻束手無策。你受困於肉身之中，當肉身消逝，你也無所依存。我們都有那樣的經驗。找一個你熟識的六、七十歲老人，問他們覺得自己幾歲。他們會告訴你，他們認為自己才十四歲……接著他們在鏡子中卻看見一張皺紋滿布的臉，他們會覺得自己是一個十四歲的青少年被困在一具衰老的軀殼裡！我們「被」困在這個會消亡敗滅的東西裡。不僅我們的肉身像是有一定使用年限的機器般終究會停止運轉，而且它逐步地朽壞，隨著歲月流逝，我們身體的功能會日漸退化，肌膚失去光澤，某些事情也開始亂了套，那真是很悲傷的經驗。

1 約伯是〈聖經．約伯記〉的主角。據稱他是一個十分正直的人，全心信奉耶和華。但在撒旦的挑撥離間之下，耶和華允許撒旦逐步奪去約伯的財產、子女與健康，藉此考驗約伯的信仰。起初約伯並未動搖，但身患惡疾後，約伯滿懷憤怒，開始懷疑神是否真的全善公義。最後向耶和華承認自己的自大無禮後，約伯再次蒙受耶和華的祝福，重新擁有財富、子女與健康的身體，並享壽至一百四十歲。

問：如莎士比亞說的：「沒有牙齒，沒有視力，沒有味覺，什麼也沒有。」[2]

答：是的，戴高樂（Charles de Gaulle）曾說，年老就是船難。確實如此。

問：對於所有從哲學或類神祕主義的角度去克服那種二元性的嘗試，妳是怎麼想的呢？直到目前為止，妳始終是由一個經驗的、常識的觀點來發言。

答：我認為這種自身受困於某種物事之中的感覺是絕難擺脫的。那是所有二元論的起源——柏拉圖的、笛卡兒的，或別的什麼。儘管我們明白這種論點禁不起任何科學檢驗，但我們絕不可能在保持清醒的同時，還能不意識到「我受困在我的身體裡」。當然我們可以對死亡妥協，並在逐漸老去之時，將活動重心轉移到比較不依賴身體的方面。不過，我們的身體不再吸引人，並因為日漸虛弱且某種程度上一步步退化，其運轉狀態也不再讓我們滿意。

傳統的生命軌道觀點認為，個人的生命前期偏重體能，後期則偏重精神。但我們要記得，我們還是有別的選擇，即便那個選擇幾乎不存在，更不可能得到社會的支持。還需一提的是，關於我們在不同年齡階段可以做什麼，以及年齡意謂著什麼的許多想法，都是非常武斷的——與性別的刻板印象一般武斷。我認為，老／少和男／女的二元對立可能是束縛人們最嚴重的兩種刻板印象。與年輕、男子氣概相關的價值被認為是典範，其他的則不那麼緊要或「次等」。老人會強烈感到低人一等。他們羞於變老。

當我們年輕時能做什麼，以及年老時能做什麼，就與我們身為女人和男人各自能做什麼一樣，都非常武斷且毫無道理可言。人們總說：「噢，這個我不行。我已經六十歲了。太老了。」或者「我做不到。我才二十歲，太年輕了。」為什麼？誰說的？我們這輩子總盡可能想擁有多一些選擇，但我們當然也希望能自由地做出真正的抉擇。我的意思是，我不覺得人們可以擁有一切，每個人都需要做決定。美國人習慣以為「任何事」都有可能，我就喜歡美國人這點（笑）。在這方面，我非常地美國，不過總有那麼一天，我們必須承認自己再

2 出自莎士比亞劇作《皆大歡喜》（*As You Like It*）。

也不能凡事都拖到最後一刻，我們實際上「已經」做了決定。

關於性別的刻板印象：有一次，我跟大衛（作者注：桑塔格之子大衛．里夫〔David Rieff〕）前往溫森斯大學（Vincennes University）[3]，因為我受邀參加那裡舉辦的一場研討會。會後，我跟大衛還有另外四個人去喝咖啡。恰巧那四人都是女性。我們坐了下來，其中一個女人用法文跟大衛說：「噢，可憐的傢伙，竟然得跟五個女人待在一起。」然後每個人都笑了。我對這些在溫森斯大學任教的女人說：「妳們知道剛才那番話是什麼意思嗎？妳們怎麼會如此貶低自己？」我的意思是，想像一下有個女人跟五個男人坐在一起，其中一個男人說：「噢，妳真可憐，必須跟我們這幾個男人坐在一起，我們也沒辦法幫妳找到一個女伴。」的情形。她一定覺得「很有面子」。

問：我很好奇大衛當時怎麼想的。

答：這個嘛，我肯定如果有人問他，他大概會說，這有什麼好希奇的？（笑）但事實上他受夠了那些自貶的女人，以及她們對女人的厭惡。而且別忘了，這幾個都是在大學教書、號稱自己是女性主義者的人，然而她們還是不由自主地說出那番話來。

問：當然，相反地，那些女人可能也會對大衛說：「你怎麼不離開！」

答：是的，沒錯。

問：但那也不是一個恰當的反應。

答：是，一點也不是。但我覺得，就像我們之前說的，你可以在年輕人與老人之間發現類似的模式。因為一個二十出頭的年輕人——無論男女——跟一群六、七

[3] 位於美國印第安納州的一所大學，建於一八〇一年。

十歲的老人坐在一起時，其中一個老人會說，你真可憐，得跟五個老頭子待在一起，很無聊吧！關於女人的觀點多少是很明顯的，但人們對於變老有多糟、多丟臉、多衰弱或多令人難堪，卻始終保持緘默。

問：這真是有趣的巧合，西蒙・波娃（Simone de Beauvoir）在她的《老之將至》（*The Coming of Age*）和《第二性》（*The Second Sex*）也討論了同樣的主題與對象。

答：她是了不起的人——法國人總是不公平地批判她。儘管我不完全同意《第二性》的觀點，但那本書仍是至今為止最好的一本女性主義作品——她甚至遠遠走在那個運動的前端。我也認為，她是第一個將衰老視為文化現象來處理的人。

問：卡夫卡曾經說過一段話，大意是「健康驅逐了疾病，疾病趕走了健康」。這種作用是雙向的，而且人們一旦有了這兩種截然相反的經驗，疾病與健康的對立會更加嚴重。人們要怎麼逃離這個陷阱？

答：這個嘛，當你有一個不尋常的經驗時，在某種程度上，你會感到你和那群擁有同樣經歷的人站在同一陣營。自從我生病之後，就體會到這點，我更能理解我遇到的那些身障者或病人。我的同理心變得更加深刻，也不會閃躲那樣的處境。這不是說先前的我毫無同理心，但我以往的感覺與現在遠遠不同。跟從前比起來，如今的我盡可能試著幫助別人。

問：妳更能同情他人。

答：對，因為我現在可以真正地感同身受。我能明白無助、無法掌控一己生活與痛苦的感覺。那樣充滿勇氣的世界相當激勵人心。然而，我也知道有些病人極度愛表現、嗜虐成性，利用他們生病的事實操控、利用別人。我不是說生病必然會讓人有所「長進」——任何想像得到的行為都有可能發生。不過，假設你向來健康無比，一旦生了病，如佛陀說的，那樣的經驗將會讓你更有同理心。這是有可能的——不是說必然如此——但有可能。而且很容易。

問：龔固爾兄弟（Goncourt brothers）[4]在日記裡寫道：「疾病令人敏於觀察，如同攝影師的感光板。」這似乎是滿有趣的論點，特別是就妳在《論攝影》、《疾病的隱喻》中的某些主題而言。

答：確實很有趣。首先，也許我們應該注意到，在我們的文化中，人們是如何決定讓疾病背負各式各樣的精神價值。這是因為他們沒有其他刺激自己或從自身中提煉出任何東西的方式。在我們身處的這個社會中，所有事物都串通好要抹去各種感受，只留下最平庸的。神聖感，或是自從有思想以來人們始終討論的某些超驗感受都消失了。曾經能描述「那種」境界的宗教詞彙於今失靈。也許人們如今能想像那種境界的唯一方式——某種程度上是很可悲的替代品——就是保持健康與生病……如同神聖與世俗間的差異，或是上帝之城與人類之城間的差距。

現在，我們是將疾病浪漫化了沒錯。我並不是企圖說，除了是無助的生理經驗之外，生病什麼也不是。當然有各式各樣的價值附著其上，而且它們就像四處漂浮的價值暫時棲息此處，只因它們現下無害。於是，在生病之際，我們開始認為我們身上出現了一些心理、精神或人性面非比尋常的事情。因為我們不知道還有什麼方式能激發更特殊的意識狀態。這不僅是一種對於超驗感的需求，還是一種能力。可以包容更深刻的感覺、更敏銳的感受力。人們向來運用宗教詞彙，以不同方式對此進行描述。不過，宗教詞彙已經失靈，取而代之的是醫學和精神病學科的術語。於是，約莫兩個世紀裡，人們賦予疾病各種精神或道德價值。我們所能做的，就是退一步檢視疾病曾如何地被描述：人們生病了，但他們並不以為是天降災禍，無論是大是小。他們也不會因為生病，就覺得要發生什麼好事或重大的心理轉變。他們之所以不會這麼想，是因為幾世紀以來他們創造了其他的狀況，並加以制度化、儀式化。在那段時期裡，齋戒、祈禱，或者殉道之類的苦修之事都可能發生，但如今已所剩無幾：自從宗教信仰崩解後，精神價值只能依附於藝術與疾病。

4 龔固爾兄弟，分別是哥哥愛德蒙・德・龔固爾（Edmond de Goncourt, 1822-1896）與弟弟儒勒・德・龔固爾（Jules de Goncourt, 1830-1870）。他們是十九世紀法國作家。法國著名的龔固爾文學獎便以其名與其遺產設立。

問：在《疾病的隱喻》裡，妳寫道：「宣稱精神狀態導致疾病，以及用意志力就能治病的那些理論，只是顯示出人們對於疾病生理方面的理解何等貧乏。」

答：從十八世紀開始，像是法國麥斯莫[5]這些人，你可以在他們的運動中看見某種現代唯靈論（Spiritualism）的萌芽。有些自稱為宗教，有些稱他們自己是某種形式的醫學——如麥斯莫就自稱是醫生。這些運動否認了疾病的存在，而且強調疾病僅僅存在我們的腦子中。或者說疾病就是精神上的問題。麥斯莫主義、基督教科學派（Christian Science）[6]或疾病的心理學理論說到底都一樣，他們全都將疾病轉化為某種心靈上或非物質的東西。他們一致否認了疾病的存在。

我發現，在疾病的世界中，一個普遍的現象是，除了對最原始形式的科學——也就是巫術——之外，大多數人對科學相當無知或輕視。在我們的社會裡，人們認為科學只會為惡，以至於臭名在外。當然，任何事都可能被惡意地運用。任何成果、知識或工具都可能用在錯誤的地方。但我認為，儘管在我們的社會中醫療行業操縱人心、淺薄、腐敗與功利主義，不過其令人敬畏之處在於，一位重症患者若想得到妥善治療，首都大型醫院仍舊會比巫醫更加可靠。這不是說人們無法被暗示的力量治癒，而是大多數人考慮得越來越複雜。我們似乎無法像那些生活在相對簡單社會裡的人們一樣反應，而在那些社會中，傳統的民俗療法「確實」能發揮療效。很多草藥有明確、科學能加以解釋的基礎。比方說，一種重要的化療藥物就是提取自某種植物，而許多所謂的原始社會已經利用這種植物來治療癌症。不過，我深信，科學知識真的存在，並一直進步，而且身體是一種可以被研究和解密的有機體。發現遺傳密碼是我們這個時代最重要的科學成就之一，這項發現將會帶來許多進展，也許還包括一個能治療大多數癌症的方法。人們現今在醫學領域上能掌握百年前猶未知的資訊，而且這些資訊貨真價實。

5 Franz Anton Mesmer, 1734-1815。出生於德國，二十五歲時前往維也納大學研讀醫學，其博士論文研究月亮、行星對於人體和疾病的影響。而後他提倡「麥斯莫術」，以磁力恢復人體平衡，達到治病效果。不過此法飽受爭議，迫使他在一七七八年離開維也納，移居巴黎。

6 一八七九年，瑪莉・艾迪（Mary Baker Eddy, 1821-1910）與其二十五名追隨者於波士頓創立此一教派。該派信徒認為，透過信仰、祈禱與更高層次的靈修可以治病。

問：妳怎麼看待人們在某種程度上應該為自己疾病負責的這種想法？一種我們可以從某些ＥＳＴ（作者注：沃納・爾哈德〔Werner Erhard〕創立的一個自覺訓練團體課程）[7]支持者中聽到的講法？

答：我想盡可能負起責任。如同我先前說的，我厭惡當個受害者，那一點都不有趣，而且讓我很不舒服。只要有可能，而且不瘋狂，我想盡量拓展我能掌控的範圍，因此，無論好壞，我很樂意對友情和愛情負責。我不想抱著「我以前很棒，但那人毀了我」的態度。即便那有時沒錯，我可以說服自己，我也應該要為發生在我身上的壞事負責，因為這麼做，會讓我更強壯，而且有可能改變現狀。所以，我能理解那樣的講法。

然而，像你說的，重點是這些想法變成了騙局。假設我們出了車禍，那很可能不是我們的責任。如果我們身體出了毛病，可能是細菌、病毒和遺傳問題的原因，所以我們也無需負責。我想，那是這個社會裡一種相當富煽動性的想法，讓人遠離或讓人從真正能負責的地方轉移注意力。大多數相信疾病心理學理論的人並不信任科學，諸如此類的想法如此反智，令我相當驚訝。ＥＳＴ的信念之一是絕對不能說「不過」（but）。一個人講話時不准用「不過」及相關修飾語。你必須用肯定句，但這讓你陷入了一個死胡同，因為每當你說「不過」時，你都是在表達「不是」（not）。因此，你永遠不能說「一方面，不過另一方面」。但你真正的意思就是「不過」……

問：或者是，「不是」（either）。

答：沒錯。或「不是」。都是一個道理。

問：這也許是一個道聽塗說來的故事，但有個人曾告訴我，他遇見某人相當反對「不是／就是」（either/or）的句式和想法，所以這個人稱自己為「和／或者」（and/or）！

---

7 EST是Erhard Seminars Training（爾哈德研討訓練班）的縮寫。沃納·爾哈德於一九七一年創立這套為期兩週的訓練課程。受禪宗啟發，此一訓練過程致力於讓參與者擺脫過往，為自己的人生負責。

答：當然那些是用來愚弄人的把戲，我認為這些方法的本質在於令人變得更自私、更自我中心，以至於我們只顧自身快樂，而把別人的需求踩在腳下。因為假如那是一個「你或我」的問題，我們無疑會選擇自己。我覺得，這只是給人一種生活中的優越感或安全感，卻如此驚人地簡化。如同我之前提到的，我假設有一種疾病的物理基礎。顯然這沒辦法說服一名會說「我只是不相信疾病或死亡是真的」的基督教科學派信徒，當醫學或科學無法解釋某種疾病的成因，甚至無法有效治療時，類似的說法就會活躍。

結核病是一個特別有趣的例子。因為早在一八八二年就發現了結核病的病因，但直到一九四四年，人們才知道如何對症下藥。先前送結核病人去療養院的手段一點用也沒有。所以，當肺結核幾乎不再是致命威脅時，《魔山》（*The Magic Mountain*）[8]的「只是愛得不順遂」，或卡夫卡的「一切只是我的精神問題影響了生理」這些關於結核病的神話與幻想便逐漸消逝了。如果人們掌握了癌症的病因，卻無法治療，那麼癌症的相關迷思就會沒完沒了。

問：在妳的書中，結核病不僅擺脫了謀殺的指控，還轉變成一個充滿暗喻與性暗示的隱喻。例如，妳指出，這個隱喻的浪漫化，就是自我作為某種形象獲得提升的典型。妳也提到，以「浪漫主義的巨痛」（Romantic Agony）[9]著稱的眾多文學與色情態度皆衍生自結核病的隱喻。對妳而言，該隱喻變得更精細、更具創造力，甚至變得時髦，這些都與結核病有關。儘管癌症並未擺脫殺人的陰影，「它」就是謀殺本身。

答：癌症是一個非常龐大的隱喻。而且，癌症沒有那些矛盾的涵義，沒有同時也作為某種正面事物的隱喻。癌症純粹就是惡的隱喻。但它的誘惑力巨大。當人們提及自己確實憎恨、害怕或想要譴責某事物時——彷彿他們不知如何表達惡的

8 作者為德國作家托瑪斯．曼（Thomas Mann, 1875-1955）。透過一名年輕的德國大學畢業生在瑞士阿爾卑斯山一座療養院的見聞，描寫當時歐洲的各種思潮與精神世界。此書被譽為二十世紀德國文學最具影響力的作品之一。

9 此詞由義大利藝術與文學批評家馬力歐．普拉茲（Mario Praz, 1896-1982）所創。一九三三年，他出版著作《浪漫主義的巨痛》，分析刻畫十八世紀晚期與十九世紀歐洲作家氣質的色情與病態主題。

觀念——隱喻總是最方便、最吸引人的方式，以表達他們對於災難、該被否定之事物的感受。

問：我想問妳為《疾病的隱喻》所選擇的書封圖片。那是一幅十五世紀曼帖尼亞（Mantegna）[10]畫派的版畫，描繪赫格力士（Hercules）大戰九頭蛇依德拉（Hydra）的故事。在希臘神話中，殺害妻小的赫格力士為了贖罪，必須經歷十二項考驗。其中第二項就是殺死依德拉這頭劇毒無比的多頭水蛇。根據一個象徵主義的詮釋，赫格力士的每項考驗各自代表了黃道十二宮的一宮，透過這個神話，赫格力士被塑造成代表太陽的英雄。在這個特殊理論中，九頭蛇依德拉就是巨蟹座（Cancer）[11]的化身。當我讀到這段，再聯想到妳的書封時，兩者之間的巧合令我頗為意外。

答：我也很訝異。因為我對赫格力士考驗背後的象徵意義毫不知情。決定由我自己為我的書挑選封面之後，我看了各式各樣的圖片——所有直截了當的圖片，比如維薩里（作者注：安德列亞・維薩里[12]的《人體解剖》〔*De Humani Corporis Fabrica*〕，十六世紀的人體解剖學教科書，共七卷）、大量的醫學印刷品，以及波隆那（**Bologna**）某醫學博物館收藏的蠟製解剖模型彩色照片。我看了又看，看了再看……然後我看到這張圖片，立刻就被吸引住了。我從未對這張圖片進行任何研究，也沒想過細究影像背後的寓意——我甚至不知道這張畫像刻畫了赫格力士的考驗。我的選擇全然直覺主觀。我只知道，這就是我的書封圖片了。

問：為什麼這張圖片如此吸引妳？

---

10 創始人為義大利畫家安德列亞・曼帖尼亞（Andrea Mantegna, 1431-1506）。

11 Cancer 大寫即指巨蟹座。但此字也有「癌症」之意。

12 Andreas Vesalius, 1514-1564。中世紀布拉邦地區（Brabant）的醫生與義大利帕度亞（Padua）大學解剖學教授。著名作品為《人體解剖》，被譽為現代人體解剖之父。

答：首先，畫像中的男性有一種肉體之美。我們的反應如此感官、有力。當某一邊的肩膀與頭等高或高於頭部時，那種人體線條的呈現自有觸動人心之處——我覺得它再現了某種相當脆弱、熱情和強壯的事物。我注意到，每當我看見一幅畫的人物頭朝下肩膀向上，就感到某種「痛」。還有赫格力士的披風、他張嘴的模樣、他的身體如何因透視法而縮短。他非常年輕，看起來彷彿睏了……以及他的臉上有很情欲的部分，你幾乎可以想像那是一副快高潮的表情。你不曉得他的眼睛注視何方——彷彿那雙眼睛看的是赫格力士自己。你看過聖喬治與龍（Saint George and the Dragon）那些圖像——聖喬治高舉手臂，他的劍正對準龍刺下去，在那些畫中他的姿勢總是剛硬、好戰的。然而，儘管赫格力士也舉起他的武器，依德拉也準備攻擊他，但你可以感覺得到，在依德拉纏住他之前，赫格力士並不打算要筆直刺向這頭蛇怪。所以，我從這幅圖像得到的訊息是：脆弱與熱情的混合。

問：有趣的是，妳直覺選擇的書封有這種星象上的關聯，而且也象徵了赫格力士想要將自己從追求不朽的旅程中解放。

答：就依德拉跟癌症來說，我原先想到的唯一關聯是，關於癌症的諸多觀點好比依德拉——你砍下其中一顆頭，它立刻又會長回來。

問：妳的說法讓我想起羅蘭．巴特的句子：「源源不絕的隱喻。」

答：是的。你知道，當我寫完《疾病的隱喻》時，我瞬間意識到在這本書的寫作中，我回到「反詮釋」的概念，因為某種程度上，前者就是後者主旨所在：不要意圖詮釋疾病。不要把A變成B。我不是說我們不應該試著解釋或了解某事，而是不要把X的真正意義混淆成Y。不要拋棄事物本身。因為該事物確實存在。疾病就是疾病。

順帶一提，我在這本書裡省略了一個比喻。在現代社會裡，原本附加在結核病上的價值一分為二：正面、浪漫的歸於精神病；負面的就歸於癌症。但還有一種介於兩者之間的隱喻，跟結核病一樣耐人尋味，就是梅毒，因為梅毒也有正向的一面。梅毒不僅因牽涉不正當性行為、令人畏懼、高度道德化，以至於充滿罪惡感，也被認為與精神疾病相關。在某種意義上，梅毒就是結核病與其分化（一方面是精神病，另一方面是癌症）之間遺失的一個環節。在十九世紀末、二十世紀初，只要有人舉止怪異、異常欣快（euphoria）——此字源於法文「exalté」——就會被認定患了梅毒。若是一個二十一歲的年輕人說話突然變快、失眠、滿腦子要做這個那個和瘋狂的計畫，他的父母就會把他送去醫院，檢查有無梅毒的影響。

問：那聽起來像是安非他命（speed）。

答：一點也沒錯。像是某種安非他命。因為那樣的行為被認為是梅毒患者的典型病徵。從托瑪斯．曼的《浮士德博士》（*Doctor Faustus*）中，你可以了解到梅毒是成為天才的代價，而它也帶有曾屬於結核病的某些特質。當然，梅毒帶來瘋狂、折磨與死亡。然而，在患病之初與終結之間，你的身上會發生很奇妙的事情。有點像是你的腦袋中發生了一場爆炸，你因而擁有成為天才的潛力。尼采、莫泊桑——這些人都染上了梅毒，並因此而死。但他們超絕的精神狀態，是天才的一部分，或者說是造就天才的關鍵所在。因此，作為天才的疾病，梅毒確有其浪漫的一面。在全然發瘋之前，梅毒給予人們心智最狂熱、最密集運作的十幾、二十年。當然他們的成就既來自天賦，又來自梅毒的影響。然而，癌症的情況完全不同。

問：白血病呢？

答：是，在眾多癌症中，唯一具浪漫色彩的就是白血病。如果說癌症是一種浪漫的疾病，那肯定是指白血病。

問：提到白血病的浪漫氛圍，就會聯想到埃里奇．西格爾[13]的《愛情故事》（*Love*

---

13 Erich Segal, 1937-2010。美國小說家，也曾是耶魯大學古典文學、比較文學教授。

Story）或電影《夕陽之戀》（*Bobby Deerfield*）[14]。

答：沒錯。我也想到鋼琴家李帕第[15]與他一九五〇年在貝桑松（Besançon）[16]的獨奏會——你肯定聽過那場演奏會的錄音——他被攙扶著上臺，為聽眾獻上超凡表演的兩個半月後，便撒手人寰。他因白血病而死，與帕格尼尼（Niccolo Paganini）死於肺結核有異曲同工之妙，後者甚至在最後幾場演出的舞臺上咳血。所以，是的，白血病是浪漫型的癌症。也許這是因為白血病是一種沒有腫瘤的癌症——血液中不可能出現腫瘤。那不是你的體內長出了什麼東西……但「確實」有東西在你體內增生，因為白血病患者體內的白血球細胞會從正常值的二十億增生到九十億——細胞會增殖，但不是以腫瘤的形式，也沒辦法動手術，癌症令人恐懼的器官切除或截肢手術都不會發生。因此，你說的對，也許我在《疾病的隱喻》中對白血病太輕描淡寫了。

問：妳在書中相當強調瘋狂的浪漫層面。但我覺得，在過去幾年，瘋狂的概念似乎失去了大部分迷人的光環。

答：可是你不覺得很多人基本上接受了連恩[17]的想法嗎？關於瘋子知道一些我們未曾意識到就已經沉入意識深處的事情，那樣的想法？《紐約書評》最近有一篇奈杰爾・丹尼斯（Nigel Dennis）的文章，他是我最欣賞的作家之一。他評論的書主要描述了一位名叫娜迪亞（Nadia）的五歲小女孩所接受的治療（作者注：參考《娜迪亞：一個擁有傑出繪畫天賦的自閉症孩童》。作者是諾娜・塞爾芙〔Lorna Selfe〕）。娜迪亞是一個很棒的藝術家——繪畫天才相當罕見——而且她的畫風近似哥雅[18]。她的出身一般，只是個小孩，卻患有自閉症。

---

14 一九七七年上映，由著名演員艾爾・帕西諾（Al Pacino）主演。故事描述一名賽車手遇見一名身患絕症垂死的神祕女子，展開悲劇戀情。

15 Dinu Lipatti, 1917-1950。羅馬尼亞鋼琴家、作曲家、指揮家。

16 法國東部城市，緊鄰瑞士。

17 R. D. Laing, 1927-1989。來自蘇格蘭的精神科醫生與精神分析師，為「反精神醫學運動」一員。他反對當時以電擊等方式治療精神患者的主流療法，而他對於精神疾病成因與治療的觀點，深受存在主義哲學影響。

18 Francisco Goya, 1746-1828。西班牙浪漫主義重要畫家，以其多變畫風記錄十八世紀晚期、十九世紀前期動亂的西班牙。

這本書就是她的一個心理醫生記載治療團隊討論娜迪亞病情的經過。他們明白如果治療成功可能會葬送她的天分，但最終還是選擇治好她，而娜迪亞果然也就此失去她的繪畫天賦。丹尼斯交代了整件事的來龍去脈——在某種程度上我無法表達得比他更出色——並贊成應該讓這個小女孩繼續自閉，也繼續畫畫。我不是說瘋了比較好，但她的瘋狂顯然是自閉症的影響。只有保持某種程度的隔絕狀態，她才不會失去她的天賦。而那種隔絕正是瘋狂造成的。丹尼斯在他的書評中問道：擁有一名偉大的藝術家不是更加重要嗎？更何況，她已經如此出色。

問：這就是里爾克[19]說的「請別帶走我的惡魔，因為我的天使將會隨之遠去」。

答：對，因為這兩件事密切相關。在這個案例中，主角是個有自閉症的天才，假如我們奪走其中一項，另一項也無法獨存。這不是「你相信她的天賦源於自閉症」的狀況，而是你如果開始干預，很可能無法在放棄A的同時，還能保留B。她的心理醫生在書中提到，他們以為對娜迪亞而言，比較幸福的生活是享有家人的陪伴。畢竟她的家人無法承受她每天都要畫上幾千張作品。但丹尼斯說，原本的她並不孤單——在她身邊，已經有了藝術家們陪伴。他也指出，在這世上真正出色的藝術家是多麼鳳毛麟角的事實。

問：我想，丹尼斯那類的想法及十年前盛行的許多觀點，不僅與七〇年代的時代精神格格不入，甚至會被唾棄。

答：讓我們來聊一下這個時下流行的「世代」觀。我覺得動輒劃分成五〇年代、六〇年代、七〇年代實在不是好主意。這些都是迷思。我們現在要為八〇年代定位的話，我很好奇那會是什麼。這類「世代」說，非常地意識形態。人們認為，六〇年代所渴望的一切基本上都行不通，也得不到。但誰敢替未來

---

19 Rainer Maria Rilke, 1875-1926。出生於奧匈帝國統治下的波希米亞地區（今捷克境內），二十世紀重要德語詩人。代表作品有《給奧費斯的十四行詩》與《杜英諾悲歌》。

打包票？是誰說脫軌的人有毛病？我認為，這個世界應該保護邊緣人。成為一個理想社會的主要條件之一，就是讓人們擁有成為邊緣人的自由。一個自稱共產社會的國家之所以糟糕，是因為他們思想中不允許離經叛道者或邊緣人存在。在某種程度上，人們應該能在路上閒晃。關於過去的種種美好之一，在於很多人自願變得邊緣，而其他人貌似並不在意。我們不僅要能包容邊緣人和邊緣的意識形態，也要能包容奇葩與怪人。我絕對支持怪人。當然，也不可能人人都怪咖——大多數人顯然都不得不選擇某些主流的生活方式。但與其變得越來越官僚、死板、壓迫與威權，為什麼我們不讓更多人追逐自由？

問：我同意。生活在六〇年代的舊金山灣區，在我的想像裡，就好比是住在阿波里奈爾[20]的巴黎或是馬雅可夫斯基[21]的莫斯科。我很幸運住過那裡，活在那個時代。不過，我有時覺得很難繼續邊緣下去，全世界似乎只剩下少數幾個不合時宜的地方還試圖保留早期精神，比方說，班夫（Banff）[22]、果阿（Goa）[23]和伊維薩（Ibiza）[24]。

答：少來了，你還是可以去Med（作者注：位於加州柏克萊的地中海風格咖啡館）！還是有不少人在電報街那裡，就像仍舊有人在聖安德烈藝術街（Rue Saint-André des Arts）晃蕩一般。只是你變了，你老了十歲，又是個接了一堆工作的自由工作者。再也沒有比工作來謀生更無聊的了。

我並不認為我自己是邊緣的，因為我沒有特別想閒坐在人行道上嗑藥——我靜不下來，也沒打算平息這股焦躁的欲望。相反地，我想繼續衝下去，有更多能量，活動力更強。如果我想變得邊緣，那會是在一個「嘗試超多事情但沒一件完成」的意義下（笑），而非只因競爭毫無意義就寧可荒廢度日的意義下。我

---

20 Guillaume Apollinaire, 1880-1918。法國超現實主義詩人、小說家。代表作品有《醇酒集》。

21 Vladimir Mayakovsky, 1893-1930。蘇聯詩人、劇作家。早期是俄國未來主義運動代表人物。對社會主義充滿憧憬，在十月革命後的《我們的進行曲》、《革命頌》等詩作中歌頌了十月革命，也發表過長詩〈列寧〉表達對列寧的景仰。而後因對史達林統治失望，開槍自殺。

22 加拿大亞伯達省偏遠小鎮。

23 印度西部一邦，曾為葡萄牙殖民地，以美麗海灘聞名。

24 西班牙著名度假小島。

知道競爭毫無意義，不過我花了部分心力讓自己邊緣化，摧毀我做過的事情，或改做別的。我只要一看到某件事有點成功的希望，就會立刻興趣缺缺。

七〇年代的特殊之處在於，你不會產生許多人想法跟你一樣的錯覺。我的意思是，人們回歸自由獨立的狀態。然而，我不覺得我的想法有變。經歷了六〇年代，我對當時的運動、嬉皮和那些我在很多政治活動中曾支持過的聰明人所表現出來的反智，既震驚又反感。我無法忍受他們的反智，而人們「仍然」非常反智。

問：我記得六〇年代時，作家、社運人士保羅・古德曼（Paul Goodman）去許多大學演講，而那時學生們會喊著「讓我們摧毀一切」。古德曼說，不，這世上有許多美好的事物，我們應該善用這些資源。學生們卻當他是個老頑固。我猜，在這點上，妳跟古德曼有同樣的心情。

答：沒錯。這是對專業的全面攻擊——除了專業以外，我們還擁有什麼？我的意思是，試著專精於我們的工作，試著讓令人滿意的嚴肅工作變得更多。

問：有人告訴我，妳曾經一天讀一本書？

答：我的閱讀量很大，很多時候是非常漫不經心地讀。我喜歡看書，就像人們喜歡看電視一樣，而且我有點上癮。假如我很沮喪，我會拿起一本書來讀，就會覺得好過一些。

問：就像狄金森[25]寫的：「盛開的花朵與書本，都是憂傷的慰藉。」

---

[25] Emily Dickinson, 1830-1886。十九世紀美國詩人。在近一千八百首詩作中，呈現出她對生命、真理、自然、靈魂等問題的深切思考。

答：是的，閱讀是我的娛樂，令我分心的事，也是我的慰藉，我小小的自殺。如果我受不了這個世界，我會捧一本書蜷著，書彷彿是一艘小太空船，載著我遠離一切。但我的閱讀毫無系統可言。幸運的是，我能讀得很快，而且比起其他人，我猜我是個速讀者。這有許多優點，因為我可以讀得很多；缺點是我什麼也沒想，只是不停囫圇吞棗，然後讓我讀過的東西在某處自行消化、成熟。其實我比大多數人所想的還要無知。如果你問我什麼是結構主義或符號學，我會答不出來。我只記得巴特某個句子的意象，或大致能猜到那些詞語的意思。但我無法解釋。我有這些興趣，不過我也會去CBGB酒吧[26]和許多諸如此類的活動。

我相信歷史，那是人們不再信仰的事情之一。我們所作所思都是歷史的產物。我的信仰很少，但這是一個真正的信仰：我們以為自然而然的大多數事情，其實皆有其歷史根源——特別是十八世紀末和十九世紀初，所謂的浪漫主義革命時期——直到現在，我們基本上仍在處理那段時期形成的期待與感受，比如關於幸福、個性、激進社會變革與愉悅等概念。我們擁有的這套詞彙，是在某個特定歷史時段誕生的。因此，當我去CBGB聽佩蒂・史密斯[27]的演出時，我很享受、投入、欣賞，而且因為我讀過尼采，所以更能了解佩蒂的音樂。

問：或是安東尼・亞陶[28]。

答：沒錯。但那有點太接近了。我提到尼采是因為在一百年前他討論了現代社會，他在一八七〇年代已經在談現代的虛無主義。如果他活在一九七〇年代會怎麼想呢？畢竟一八七〇年代仍保存了許多現在早已摧毀殆盡的事物。

問：但佩蒂・史密斯在這裡的關聯是？

---

26 紐約曼哈頓東村的龐克酒吧。

27 Patti Smith, 1946-。美國作家、詩人、搖滾歌手，人稱「龐克教母」。

28 Antonin Artaud, 1896-1948。法國戲劇理論家。他所提出的「殘酷劇場論」，拋棄語言，強調劇場可以呈現人性暴力與侵略傾向。

答：她說話的方式；她演出的方式；她嘗試去做的那些事；她這一個人。那部分源自於我們的文化歸屬，而我們的文化歸屬有其根源。在觀察這個世間與融入一個電子、多媒體、多音軌、麥克魯漢[29]的世界盡情享受之間，並非不相容。我愛搖滾。搖滾改變了我的生活——我就是這樣的人！（笑）搖滾真的改變了我的人生。

問：什麼樣的搖滾樂？

答：你聽了一定會笑我。我喜歡比爾海利與彗星合唱團（Bill Haley and the Comets）——那真的是天啟。身為一個生長在一九四〇年代的孩子，我無法解釋我和流行樂有多脫節，因為我唯一聽過的音樂就是美聲男歌手（crooners）的作品，我不喜歡他們，對我來說，他們毫無意義。而後我從一臺點唱機裡聽到了強尼．雷（Jonnie Ray）的〈哭〉（Cry），那瞬間好像有什麼打動了我。幾年後我發現了比爾海利與彗星合唱團。一九五七年我去英國念書時，聽了幾場受到查克．貝里[30]影響的樂隊在地下室和俱樂部的演出。坦白說，我覺得搖滾樂就是我離婚的原因之一。就是比爾海利與彗星合唱團，還有查克．貝里（笑），害我下定決心一定得離婚，遠離學術象牙塔，然後展開新生活。

問：肯定不是《搖，敲，捲》（*Shake, Rattle, Roll*）專輯中「離開廚房，讓那些鍋罐叮噹作響／捲起我的早餐，因為我餓了」這些歌詞吸引妳的吧？

答：當然不是（笑）。不是那些歌詞，是音樂本身。講得簡單一點：我聽到了戴奧尼索斯般（dionysian）[31]的聲音，而且就像《酒神的女信徒》（*The Bacchae*）[32]描寫的一樣，我站起身來想追隨前去。當時我不知道我想要什麼——我沒打算離家加入樂團——但我知道一切就如同里爾克著名詩作《古老的阿波羅殘軀雕

---

29 Marshall McLuhan, 1911-1980。生於加拿大，公認為二十世紀媒體理論宗師。

30 Chuck Berry, 1926-。美國吉他手、歌手、作曲家、搖滾樂先驅。

31 戴奧尼索斯是古希臘酒神的名字。

32 古希臘作家尤瑞皮底斯經典悲劇作品。內容描述酒神來到底比斯城創立新教，吸引眾多女信徒追隨，因而與底比斯國王發生衝突。

像》（*Archaic Torso of Apollo*）的最後一句：「你必須改變你的生活。」

我打從心底明白這點。在五〇年代後期，我沉浸於一個學術的世界。沒有人知道這些，我也不認識任何同好，也不曾跟任何人提起。我不會問，你聽這種音樂嗎？我周遭的人都在談荀白克[33]。人們說了很多關於五〇年代的蠢事，有一點倒是真的，有一條界線清楚區分喜歡流行文化與喜歡精緻文化的人。我從未遇過同時喜歡兩者的人，但我自己就是如此。我曾經什麼事都自己來，因為我找不到同好。不過時代變了。那就是為何六〇年代有意思的原因。然而，現在因為精緻文化消逝了，有人就希望退一步，然後說：嘿，等一等，別忘了莎士比亞依舊是有史以來最偉大的作家。

問：妳稱自己是「如癡如醉的唯美主義者」與「著魔的道德主義者」。然而，似乎不是很多人了解妳道德主義者的一面。妳在關於萊芬斯坦與法西斯藝術本質的文章中寫道：「萊芬斯坦的電影表達了一種渴望，其浪漫的理想顯現在青年／搖滾文化、原始療法、連恩的反精神分析、對第三陣營（the Third Camp）的追隨，以及對精神導師、神祕學的信仰。」這包含了非常多領域。對我來說，妳在其他語境中也似乎相當同情此浪漫理想的許多方面。

答：如果說佛教是人性精神活動的極致，這也許很有說服力。對我而言，搖滾樂無疑是流行樂史上最偉大的運動。假使有人問我是否喜歡搖滾樂，我會回答，我愛搖滾樂。或者，如果你問我，佛教是否是人類超驗與深奧思想的至上結合，我會說，是。但我們社會中為何有人信仰佛教，就是另一個問題了。單純把搖滾樂當作音樂來欣賞是一回事，了解搖滾樂背後全套S&M—戀屍癖—情殺強姦劇（Grand Guignol）—《活死人之夜》（*Night of the Living Dead*）—《德州電鋸殺人狂》（*Texas Chainsaw Massacre*）的感性是另一回事。一方面，你談的是文化情境及人們從中獲得的動力；另一方面，你討論的是事物本質。我不認為兩者之間有所矛盾。我絕不會放棄搖滾樂。我不會說，因為孩子們的吸血鬼裝扮或戴卐字徽章閒晃，所以這音樂糟糕透頂。如今這種非常守舊的想

33 Arnold Schoenberg, 1874-1951。奧地利作曲家。提出「十二音列」理論，對二十世紀音樂發展影響深遠。

法占了上風，因為大多數下斷言的人不懂搖滾樂，不受其吸引，也從未發自內心深處，在官能上或性方面被搖滾樂打動。同樣地，我也不會因為佛教在加州或夏威夷發生的問題，就放棄我對佛教的敬仰。凡事都會遭到濫用，而總有人試著去解決。

現在，我認為有「一」類法西斯文化驅動力非常狂熱。讓我舉一個傳統的例子，而且這例子比所有我們取自當代流行文化中的例子都要來得好：尼采。尼采確實是納粹的靈感來源。他的作品裡有一部分預見並支持了納粹的意識形態。

但我不會因此拋開他，雖然我也不會否認因尼采作品而導致的事情。

問：妳是說，有一種法西斯感性？

答：是的，有一種法西斯感性，跟很多不同的事情密切相關。聽著，不久之前，我在「新左派」（New Left）的許多活動裡也看見了這種傾向。那非常困擾我，但在六〇年代末或七〇年代初，新左派的法西斯傾向並不是一個能公開大聲談論的話題，因為所有人矛頭一致對準了越戰。不過，新左派許多活動很明顯背離了民主社會主義，而且極端反智。我想，這是其法西斯傾向的一部分——反文化、充滿憤怒與殘酷，並反映某種虛無主義。法西斯主義中有些修辭聽起來就像是新左派的論調。不過，這「不是」說，新左派就是法西斯主義，儘管保守派與反動派都試著這麼宣稱。然而，我們必須了解，這些事情不只是目標，更是過程。這是我們在各種境遇中所展現的極端複雜人性。凡事都有正反兩股力量在發揮作用，而我們必須發現矛盾點所在，嘗試解決並消除問題。

問：妳之前提到S＆M——戀屍癖感性，讓我想起妳飽受爭議的文章〈色情之想像〉（The Pornographic Imagination）以及妳對感性與想像的大膽探討。但在那篇文章中，妳似乎在講色情經驗極端形式的本質，雖然我覺得這論點有待商榷。儘管有些天真，但我必須承認，我更認同精神分析學家威廉海姆・賴希（Wilhelm Reich）的觀點，他認為施虐與受虐皆源於身體衝動，而且是人格防禦以及生物能量壅滯的表現[34]。不過，妳認為「雖然可以被壓制，但性（sexuality）[35]仍是人類意識中具有魔性的力量之一——促使我們不時接近禁忌與危險的欲望：從對他人忽然任意施加暴力的衝動，到對消除個人意識的頹靡渴望，即死亡本身。」

答：聽著，我認為賴希關於「人格防禦」以及人們如何反性欲地緊緊壓抑自身感情的觀點，對精神分析與治療貢獻極大。他毫無疑問是正確的。但我覺得他並不明白人性瘋狂的一面，而且他對性的想像太過美好了。沒錯，性可以很美妙，但也可以極度黑暗，搖身一變，成為魔性盡現的劇場。

問：在〈迷人的法西斯〉（Fascination Fascism）中，妳展現了一個SM劇場主場景的驚人公式：「顏色是黑色，材質是皮革，誘惑是美麗，無罪的理由是誠實，目標是狂喜，幻想是死亡。」我猜我沒有百分之百懂這一句話，因為我尚未經歷過那些誘人的地獄關卡。

答：我對這句話的了解不是非常深入，因為那不是我。但我猜我懂得比你深一點，因為我知道那是真的，我知道人們之所以能始終單純地相信性只是愉悅——接觸、愛與感官享受最令人渴望的形式——其原因在於他們還沒進入性的極致境界……當然，他們也不該這麼做，因為那只是玩火而已。假如有人經歷過那樣的境界，那一定比他所想像的更嚴重、更失序。這也是為什麼有史以來性會受到重重規範的原因。我不認為，人們真的理解為何一直有壓迫的問題。所以我稍微點出這個事實，告訴他們大多數社會之所以在很大程度上不斷壓迫性，是因為主事者深知，性可以失控，形成巨大破壞力。

---

34 威廉海姆．賴希將身體經驗納入心理治療範圍中。他發展出「人格防禦」（Characterological armoring）術語，意指人身心對情緒與能量的控制，會表現在長期的肌肉控制上，從而形成每個人獨特的身體形態。據賴希的觀點，身體許多機能障礙都來自於情緒失衡。

35 對於如何翻譯「sexuality」，中文學界至今未有定論。此處翻譯成「性」，但此字強調的是「性是一種社會建構」。而「sex」雖也譯為「性」，卻意指性徵與性行為。

問：說到這裡，我忍不住想到我最愛的布萊克（William Blake）的兩句詩：「想一想吧，噢凡人，噢只能存活六十寒暑之蟲豸／想想這具有性欲的身體以及你終將長埋塵土。」

答：是啊，人類的性肯定有問題（笑）。你知道，我們不是動物。動物的性沒什麼大礙，只是令人有點不舒服，因為那純粹是生理需求，大多數時間也不利於雌性。除了某些物種之外，例如狼，牠們會有一個家庭般的群體生活，並傾向一夫一妻。大多數動物沒有固定性伴侶，就像我說的，對雌性相當不友善，只為了繁衍而已。然而，人類的性全然不同，卻不是很行得通——事實上，我曾形容人類的性能力設計有問題。我的意思是，將性轉移到另一層次，使其變成心理與情感的物事，是行不通的。唯有當性在某種程度上受到控制或壓抑才能奏效。你看過大島渚[36]的《感官世界》嗎？

問：看過，我恐怕一輩子也忘不了這部片。誰忘得了這部電影的結局，正當兩人魚水交歡時，女主角勒死男主角，並割下他的陰莖，還在自己的胸口血書：「我們永遠在一起。」

答：你知道，大島是對的。那確實是真實經驗。幸運的是，只有極少數人嘗過那樣的滋味。他的電影完美闡釋了當人們不知節制時會有什麼下場。他們抵達了性的巔峰，而盡頭就是死亡。

問：當賴希談到如果法西斯主義控制了這種破壞性衝動時會有什麼後果，他對性的看法和妳南轅北轍。他認為法西斯主義利用了因性欲遭到壓迫而產生的挫折感，儘管妳也許會說，這是因為人類的性欲構造從根本上就是有病的，所以法西斯主義可以很輕易地加以利用。但我想賴希會反駁說，它之所以能被利用是因為它「是」健康的，只是找不到一個好的抒發管道。妳了解我的意思嗎？

---

36 日本新浪潮電影導演（一九三二—二〇一三）。

答：但我相信他說的也對。我認識一些人，他們有非常棒的、感官的、非破壞性的、非SM的性生活。我從沒說那是天方夜譚。實際上，那不僅可能，還值得擁有。我只是認為那些人的性行為沒有達到極致的境界，而像我先前說的，他們也不該這麼做。儘管我同意法西斯主義確實有一套誘人的性修辭，但我不贊同賴希的地方是，他認為法西斯主義主要起源於性壓抑。

問：妳以前提出過一個精采的見解，認為納粹標誌的流行與其說是對個人主義的認同，不如說是一種對性選擇自由遭到壓迫的回應，以及一種強烈反對個人主義的表示。

答：是的，那也可以用來解釋龐克現象。人們知道我喜歡去那些演唱會，他們就為了納粹標誌，總追問我怎麼可以支持龐克。我認為，龐克並不意謂法西斯主義的復活，反而是一種在虛無主義脈絡下渴望強烈感受的訴求。我們的社會奠基於虛無主義——電視就是虛無主義。虛無主義並不是前衛藝術家某些現代主義式的發明。它就在我們文化的深處。

問：我們先前聊過做為妳書封的那幅赫格力士與依德拉畫像，我也想問妳為《論攝影》書封和封底所挑選的照片和石版畫。封底是一幅歐諾黑・杜米埃[37]的漫畫，描繪了十九世紀法國攝影家菲利斯・納達爾（Félix Nadar）從熱氣球探出身來空拍在他底下的巴黎市。這幅漫畫清楚說明了妳心目中的攝影師是一名客觀的記錄者，「盡可能從每個角度記錄世間萬事萬物」。

答：別忘了這是飛機尚未發明的年代，用熱氣球拍照也還非常罕見。所以，這是神的視角，而且看起來很危險——納達爾彷彿會跌出熱氣球外，給人一種他處境很危險的感覺。他大可蹲下來，我敢說當他搭著熱氣球拍空照圖時，大部分的身體都低於籃緣。但那張畫最驚人的是，巴黎——世界——所呈現的方式。每一棟建築物上都寫著「攝影」（photography）這個詞。因此，這是一位攝影師為攝影拍照！

---

37 Honoré Daumier, 1808-1879。十九世紀法國著名諷刺漫畫家、版畫家。

書封的銀版攝影（daguerreotype）照片中，有兩個人拿著「另一幅」銀版照片。在多米耶的石版畫中，攝影師的拍攝對象是一個世界，這世界變成……什麼呢？攝影。所以，封底的石版畫和書封照片，同時以圖像形式來象徵或暗示攝影反身性（reflexive）的本質。

問：這張書封照片讓我想起妳曾說過：「在現下這一時間點中，藝術是過去本身最普遍的形式。成為過去，在某種意義上就是成為藝術。」[38]妳也提到，過往賦予攝影一層藝術的面向。當我看到書封這張照片，拿著銀版照片的這個男人有些心不在焉，彷彿懷念著某些逝去的往事。相反地，他身邊的女人直視著相機，目光一路穿透了未來。這真是一張飽含寓意、令人難以忘懷的照片。

答：絕對是。在寫這本書時，我看過上千張照片。當我隨意翻著某本書，偶然看見這張照片時，我跟自己說：「這」就是《論攝影》的書封了。它突然出現在我眼前，而我意識到這張照片具體而微呈現了《論攝影》許多觀點——這幅影像的訊息非常豐富。我也立刻訝異地發現這兩個人有多麼不同。正如你指出的，這個表情恍惚的男人緊握手中的銀版照片，而女人則將右手輕放在相框邊緣。你感覺不到她握著那幅照片，她只是跟那男人站在一起形成某種構圖，因為那是他們原本擺姿勢的目的。由於跟這張照片接觸不多，於是她能看向前方。男人則因為真正「握著」照片，而照片非常靠近他的頭部，兩者間變得相當緊密，以至於他無法如女人一般向前直視。我在他們兩人的表情中確實發現了差異。我不知道為何有人以為他們是夫妻，他們也很可能是兄妹，而照片中的人物是他們的父母。

問：我之前以為，我用文學表述的方式來討論視覺現象，可能會過度「解讀」了這張照片。

---

[38] 出自桑塔格一九七六年二月八日發表於《紐約時報書評》的一篇文章，題為〈關於藝術、性與政治的幾點思考〉（Notes on Art, Sex and Politics）。

答：這個嘛，我認為我們「確實」在討論「解讀」攝影。我再強調一次，這是一個隱喻，解讀影像的概念背負了太多包袱。但攝影確實會回報某種程度上的關注，人們也確實能從中看到越來越多的東西。有些照片我雖然看過，但重看的時候我會忽然看到之前不曾發覺的東西。很明顯地，就眼睛已經完整接收訊息的意義上，我其實看過。但因為我不曾集中注意力在那些相片上面，所以不算真的見過。

問：妳在書中曾經用一些詞語，如多樣態、多元、複數、增殖、分離與消費來談論攝影本質與主要特徵。妳也認為攝影是一種豐富、奢侈、難以饜足的觀看世界方式。妳形容攝影時一次又一次地運用這些詞彙：占有、包裝、支配、殖民、紆尊降貴、束縛、消費、收集與侵略。

答：是的，還有著迷、縈繞於心、陶醉、激勵和喜悅這些詞。但我特別喜歡你提到的侵略，很多人都批評這個字。對我而言，說某事某物具有攻擊性，這本身並沒有貶義。我以為這是很清楚明白的，不過我現在知道，人們抱持一種偽善的態度來貶低「侵略」（aggression）這個字。我之所以說偽善，是因為這個社會早就對大自然與各式各樣的生物展開大肆侵略。「生活」（live）就是一種侵略。當人們四處移動時，就涉及大小不等的侵略。你占了一塊別人無法占領的空間。當你走過，就會踩到花草、動物還有微生物。因此，「正常」程度的侵略是我們生命節奏的一部分。我想，某些現代形式的侵略在拍照行為上表現得格外明顯，當你走向某人，說：站好別動。接著按下快門。這些都是人們覺得稀鬆平常、躍躍欲試的占有形式，因為他們握有相機。一旦看到某物想帶回家，他們就拍下來。他們收集全世界。但我不想被解釋成我在暗示攝影本身帶來了占有、收集與侵略，或者暗示一旦沒有了攝影，這世界就不會出現諸如此類的行為。我當然不是那個意思，不過我有時覺得，人們有那樣的誤解。

問：但妳不覺得妳的確將攝影與消費社會畫上等號？

答：喔，當然，肯定是。

問：在《我，及其他》裡的一篇故事〈中國旅行計畫〉（Project for a Trip to China）中，妳寫道：「旅行是聚積。靈魂的殖民主義，任何靈魂，無論本意多麼善良。」然後在另一篇故事〈沒有嚮導的旅遊〉（Unguided Tour）裡，妳宣稱：「我不想知道的比現在多，不想比現在更加依戀（名勝）。」在〈靜默的美學〉（The Aesthetics of Silence）中，妳觀察到「有效的藝術作品只留下一片靜默。」而妳在著名的〈反詮釋〉一文中說：「詮釋，就是使世界貧瘠，使世界枯竭——為了另建一個『意義』的影子世界。詮釋是為了將世界轉變為這個世界……世界，我們的世界，已經夠枯竭、夠貧瘠了。要去除所有對世界的複製，直到我們能夠更直接地再次體驗到我們所擁有的。」妳似乎在寫作人生中一直談同樣的事情。

答：是的，都一樣，四處可見。但我得告訴你，我並沒有察覺到這個傾向。我不知道原來我一提起筆就在重複同樣的主題。這真奇妙，但我不願想太多，因為這可能會影響到我腦中的素材。跟一般人想的剛好相反，我的行動其實相當仰賴直覺，也不會事先計畫，絕非人們想像中的理智、深思熟慮。我只是跟著本能、直覺走。我總認為隨筆與小說處理著非常不同的主題，所以對於要承受這兩種不同活動的重擔，我始終很不耐煩。直到最近，我才了解到隨筆與小說在多大程度上共享了相同的主題，表達了同樣的主張或不主張。它們的同一性幾乎嚇到我了。

問：法國影評人安德烈・巴贊（André Bazin）相信，攝影可以除去阻隔在我們雙眼與世界之間的「精神塵埃與污垢」。

答：當然，《論攝影》第四章中，我就在談論這個主題——關於攝影開啟新視角、讓你的眼界為之一新的觀念。

問：而這關係到自我解脫的想法。

答：我想，從我的小說《恩人》（*The Benefactor*）起，關於解脫（disburdenment）的諸多概念也許就是我的論述重心。《恩人》這本小說是某種諷刺性的喜劇故事，關於某類憨第德（Candide）[39]式的人物，他為了能好好地卸下重擔，所以去追尋某些清醒的意識狀態，而非找尋在大千世界中最美好之處。在這個古怪敘述者的半喜劇、半直白反思裡，也可以發現這點。我如今注意到，在《恩人》裡也有些關於攝影的想法。

問：在《論攝影》中，妳寫道：「攝影是一個呈現世界與自我之間固有曖昧關係的範例。」妳也指出：「所有的攝影美學價值核心中都有一種模稜兩可（equivocation）性。」我寫下幾個妳提到的模稜兩可性，結果列出了一張清單：模稜兩可性於帝國主義與民主政治之間、意識麻木與興起之間、經驗的肯定與否定之間、激進批評與輕鬆調侃之間、現實與影像之間。所以，在《論攝影》裡，妳事實上提出了一系列值得注意的結構式關係。

答：那確實是我的企圖。我愛攝影，雖然我自己不拍，但我看那些照片，我愛照片，我收集照片，我為它們著迷……這是我多年來的強烈嗜好。我之所以寫下攝影相關的文字，是因為攝影乃是一種反映出社會複雜、矛盾與曖昧的核心活動。因此，攝影就是那些曖昧、矛盾或複雜，也是我們如何思考的方式。有趣的是，這種活動，包括拍照與觀看照片，概括了所有這些矛盾——我想不出還有哪個活動也包含這些矛盾與曖昧。所以，《論攝影》是一本關於生活在二十世紀高度工業化消費社會究竟是如何光景的個案研究。

問：有些攝影師對這個主題似乎不感興趣。有些人甚至好像覺得自己的領土被侵犯了，對嗎？

答：這個嘛，《論攝影》不是一本攝影師會寫的書，但我認為，這本書提到的大部分事情，所有的攝影師都知道。他們只是要嘛自己還沒理出頭緒，要嘛就是沒興趣討論。當我跟熟識的攝影家亨利．卡提耶—布列松（Henri Cartier-Bresson）或理查德．阿維頓（Richard Avedon）聊時，他們都對這些事情了然

---

39 憨第德是法國啟蒙時期哲學家伏爾泰所著一部同名諷刺小說中的主角。

於心。當然，他們沒有把想法形諸文字，這也不是他們的職責。有些人告訴我，這個嘛，妳不是攝影師。沒錯。重點是，只有既不是攝影師、又沒有花費精力在這項活動上的人才會寫這本書。而我費了極大心血在「觀看」，並享受這些相片。如果我自己也拍照，就不可能有《論攝影》這本書了。

問：在書中，妳宣稱「照片中的世界與真實世界的關係，就如同靜態攝影與電影一般，有著本質上的不精確。生活並非是一些重要細節，在閃光燈一亮的瞬間，就永遠定格了。但照片是。」我曾經讀到馬雅人形容智慧是「微小的閃光」（flash），神祕主義者也時常談論睿見或頓悟的閃光。評論家喬治·史坦納（George Steiner）曾提到尼采與維根斯坦等作家的文學碎片（fragment）所透出的靈光，指出它閃電般的即時性，以及此種即時性必然的殘缺。史坦納也強調它對於關鍵性洞見形成過程的重要。

答：首先，你所講的那些分屬不同層次。有一些閃光（flash）我並不認為是碎片。領悟不是碎片。性高潮不是碎片。當然，有些事情發生在極短暫的時間內，而且似乎會帶領你到達意識的另一境界，或讓你得以接觸全新的事物。若用《新約》的意象來解釋，那也許是一條筆直的通道，非常狹窄的地方——你必須通過它，然後一道閃光，接著就是新天地。因此，某些微小或簡短的事物不必然是瞬間。碎片那又是另一回事了。

碎片彷彿真的是我們這個時代的藝術形式。任何一個思考藝術與思想的人都必須處理這個問題。我最近聽羅蘭．巴特說他正全神貫注於超越碎片（**fragment**）[40]的形式。但問題是：這可能嗎？從浪漫主義時期起，碎片這種形式之所以成為重要的藝術形式，是因為它能更真實、更純粹、更深刻地表達事物。快樂和洞見的幸福時刻是存在的，而且因為我們處於生命與意識的不同階段，對某些事物的感受會比其他事物更深刻。但你能分辨出某個特定時刻是特殊的——不僅因為它值得紀念，還因為它改變了你——並不代表那瞬間就是碎

40 羅蘭．巴特名作《戀人絮語》（*Fragments d'un discours amoureux*）。他以片段、不連續的方式描寫對愛情的體悟，也表達他對寫作的看法。

片。它可以指一切消逝事物的總和。你能找出並區別事物的這個事實，並不證明它們擁有斷片的特質。

問：妳曾評論高達[41]的電影《她的一生》（*Vivre sa vie*），而在那篇深具啟發性的文章中，妳就用了碎片形式的結構，暗示高達的電影以一系列碎片的方式來顯示自身的燦爛與豐富。

答：這個嘛，我認為碎片這種形式凸顯出事物之間的斷裂、空間與靜默，是很珍貴的。另一方面，我們可以說，這「確實」是一種墮落——不是道德層面的意義——因為它是一種時代終結的形式，文明、思想傳統或感性的一個終結。碎片預設人們擁有豐富的知識與經驗。其墮落在於你必須先有那些經驗與知識，才能暗示或評論事物，但無須多做說明。這不是年輕文化的藝術或思想形式，凡事都需要具體解釋。我們所知甚多，並明白視角有其多重性，而碎片只是承認此事實的形式之一。

線性敘事結構的隨筆文章讓我感到相當不安。一來，因為我的想法相當跳躍，所以我覺得必須讓事情變得比原先還要連貫。二來，對我而言，論證比較像是車輪的輪輻，而非鎖鏈的鏈環。然而，在閱讀紙本書時，你自然會從左頁讀起，逐步往下，然後你的視線移向右頁上方，再逐步往下，接著翻頁。我想不出有更好的辦法，我也不是建議大家放棄這種次序。不過，這卻是了解約瑟夫·法蘭克[42]多年前提出的「空間形式」（spatial form）的方法之一。碎片的問題非常複雜。

問：我想到古希臘作家阿爾基羅庫斯[43]與莎芙[44]的短詩都是原本的殘篇，其餘韻卻仍

41 Jean-Luc Godard, 1930-。法國新浪潮電影奠基者之一，代表作品有《斷了氣》等。

42 Joseph Frank, 1918-2013。美國文學批評家。在一九四五年發表的論文〈現代小說中的空間形式〉中，將空間形式視為現代主義小說藝術特點之一。

43 Archilochus，古希臘抒情詩人。其詩作多以自身情感與經驗為題材。

44 Sappho，古希臘女抒情詩人。出生年代晚於荷馬。其詩作多描寫愛情，特別是女女之愛。她也在家鄉開設學校，專門教導女性文學與藝術。

影響深遠。

答：那是因為我們對碎片的形式很敏感。有些殘篇是歷史斷裂造成的，我們必須考慮到，它們本來面貌並非如此——它們變成殘篇斷簡是因為其他部分已經亡佚。對我而言，米洛的維納斯（Venus de Milo）[45]若非斷臂，便不會舉世聞名。從十八世紀起，人們已經發現殘缺之美。我想，人們對碎片的欣賞首先關乎對歷史的感傷和時間的摧殘，因為碎片吸引人們的地方在於作品本身有一部分已經遺失、毀壞或缺損了。如今，創作碎片形式的作品，對人們來說不僅非常可能、而且很有吸引力。如同十八世紀的有錢人將仿古遺跡擺在家中一般，思想或藝術世界中的碎片也是一種仿古遺跡。

問：在某種意義上，照片也是。

答：是的，我認為照片也採取了碎片的形式。照片的本質是它具備碎片的心靈狀態。當然，它本身即是完整的。但一涉及到流逝的歲月，照片就成為過去遺留下來的生動碎片。「是的，我們以前多麼快樂，我們站在那兒，你曾經如此美麗，我穿過這件衣服，我們看起來多麼年輕……」」。雖然人們不是懷著我所說的心情拍照，不過時間會改變相片。

問：妳曾宣稱「照片在本質上絕不可能超越其拍攝題材，但繪畫可以。照片也絕對無法超越視覺本身，而超越視覺在一定程度上卻是現代主義繪畫的終極目標。」那麼，妳怎麼看待史蒂格利茲[46]的攝影作品呢？他在紐約州北部喬治湖所拍攝的夏日天空，層層雲彩，呈現人們在羅斯克[47]畫作中可以見到的豐富與燦爛。

---

45 古希臘時期維納斯大理石雕像。一八二〇年在希臘米洛島被一名農夫發現，目前收藏於羅浮宮。

46 Alfred Stieglitz, 1864-1946。美國攝影藝術家，「攝影分離派」創立者、純粹主義攝影倡導者、寫實攝影先驅。人稱「現代攝影之父」。

47 Mark Rothko, 1903-1970。美國著名抽象派畫家。

答：但那是因為史蒂格利茲的作品非常傑出。我說的是事實，而不僅是讚美之辭。史蒂格利茲是一個偉大的攝影家，當你注視他的作品時所興起的感受，正是你面對藝術傑作的反應。我之所以使用「超越」一詞，並非指偉大的攝影作品並不存在，或這些作品無法像繪畫一般帶給你同樣感受，而是攝影工作的本質關乎再現，但繪畫不是。倘若你仔細比較史蒂格利茲與羅斯克的作品，你會說你在史蒂格利茲的作品中看見燦爛，但那仍是象徵意義上的。

在透納[48]和莫內（Claude Monet）的作品中，對於主題的指涉可以變得很隱晦，而在羅斯克的作品中，主題甚至可以消失。但那似乎不是攝影的強項所在。當然也有偉大的抽象攝影，但即使是抽象攝影也有其參照點。比如，若說莫霍里．納吉[49]所拍攝的包浩斯風格的宏觀或微觀機器世界抽象，只是因為它們仰拍特寫或簡化了機器的一部分。然而，那類作品都經過精心設計，我們依舊知道有一個如同那個機器世界的物體世界存在。

問：在〈論風格〉中，妳寫道：「談論風格，是談論藝術作品總體性的一種方式。

正如一切有關總體性的話語一樣，談論風格，也必須仰賴隱喻。而隱喻卻會誤導我們。」大體而言，妳怎麼看待隱喻？

答：我必須以比較私人的角度來回答這個問題。自從我開始思考，我就體認到，我能從理論上理解事物的方法就是察覺事物的涵義及潛在的隱喻或範式——對我來說，那是自然而然的。我首次接觸哲學是在十四、十五歲的時候，我還記得我被那些隱喻嚇到了。我想，啊，假如提出另一種隱喻的話，結果就會隨之不同。我對隱喻抱持一種不可知論的看法。早在我自己發展出關於隱喻的一套想法前，我就知道一旦找到隱喻，我就找到思想的源頭，但我可以想見人們也能使用另一種隱喻。我知道關於這點的理論不勝枚舉，不過因為我聽從作家的直覺，所以沒有特別留心理論這一塊。

---

48 Joseph Mallord William Turner, 1775-1851。英國十九世紀浪漫主義風景畫家。

49 László Moholy-Nagy, 1895-1946。匈牙利人，提倡新視像攝影（Neue Sehen），著重攝影的各種實驗。特色為誇張的俯視角度、令人目炫的向上視角、特寫鏡頭，以及攝影媒材的創意運用。

現代主義、前衛、實驗或任何我認為寫得很出色的作品，之所以讓我感興趣，在於這些作品中隱喻的純粹。這種簡潔特質讓我深受貝克特與卡夫卡的吸引。我一度很欣賞霍格里耶[50]之類的法國小說家，他們作品吸引我的地方在於「沒有」隱喻。

問：所以，當妳談到隱喻的純粹，妳的意思是隱喻的排除。

答：在某種程度上，是的，或者至少是某種對隱喻的極度懷疑。對思考來說，隱喻相當重要，但當你使用隱喻時，你不應該相信它們——你應該知道隱喻是必要的虛構，或者也許是不必要的虛構。我無法想像出一個沒有包括些許含蓄隱喻的想法，但隱喻確實有其局限。吸引我的話語總是表達了懷疑主義、超越隱喻而達到某種純淨透明，或是如巴特說的「零度寫作」。當然你也可以採取全然迴異的寫作風格，就像喬伊斯一樣，極盡所能地在語言上堆砌，但那不是隱喻，只是玩弄語言本身，以及一個字能擁有的所有涵義，比如喬伊斯的《芬尼根守靈夜》（*Finnergans Wake*）。然而，我會知道，當我看見一個隱喻像是

「河流蜿蜒流過橋拱之下，彷彿手套裡的手指」，這個如何？

問：太棒了。

答：當我看見一個隱喻，就好像我可以感覺到它——這是非常原始、發自內心深處的感覺——彷彿我的喉嚨被攫住了，腦子有點短路——一方面我有了河，另一方面我有手套，兩者彼此衝突。因此我真正要表達的是，我本身某種個性上的根本偏好。

現在，好像某種程度上我排除了所有的詩——看看莎士比亞的十四行詩。我不是反對詩，相反地，我讀得最多的就是詩與藝術史。不過，就某種所謂散文與思考的東西而言，我想我一直繞著什麼是隱喻的問題在打轉。隱喻跟明喻不

---

50 Alain Robbe-Grillet, 1922-2008。法國「新小說派」代表人物之一。著名法國電影《去年在馬倫巴》也是他所編寫作品。

同：假如你說某物像某物，那麼，好吧，不同的地方就很清楚……雖然偶爾「不是」那麼清楚，因為詩非常簡潔。但如果當你說「疾病是一種詛咒」，對我而言那是某種思考的萎縮——那是某種阻止人思考、並將人局限在某種態度的做法。實際上，我認為理論作品是批評的一種——是深刻意義上的批評——因為我們必然要創造新的隱喻，而思考需要隱喻。但我們對於所承繼的事物，至少應該要保持批判與懷疑的態度。如此一來，我們才能解放思想、保持流通、開放事物。

問：我很喜歡墨西哥作家帕斯（Octavio Paz）寫的一個美麗隱喻：「在詩裡，存在與存在的欲望短暫地妥協，宛如水果與雙唇。」讓抽象的事物變得如此感官，真了不起。

答：沒錯，我同意。我先前提過河流與手套的那個隱喻之所以讓我困擾，就是因為河流流經橋下的形象已是如此感官。

問：諷刺的是，妳談論隱喻的方式，暗示隱喻在某種程度上與癌症相似！

答：（笑）這個嘛，我肯定不想把癌症視為一種隱喻。但也許你能說，隱喻是一種很壓縮的明喻。例如，當你說，它（it）像這個（this），意思就再清楚不過了。

聽著，我總在考慮什麼是需要寫下來的。對我而言，我沒辦法說我所想做的僅僅是說故事而已，因為我知道的太多，無法只說故事。你可以花上一千頁去描述一個下午，但在敘述中你省略了什麼，又包括了什麼？我們並不天真，也不像前人一般受到傳統束縛。因此，在《我，及其他》中，我進行不同的嘗試，試圖在材料中加入某種「必需品」。最簡單的必需品——也許在某方面是最有效的——就是寓言（fable）的形式。寓言並非隱喻，寓言是一種故事，帶有道德的……

問：也許寓言（parable）[51]是另一個例子。

答：沒錯，讓我們用parable代替fable。我欣賞的那些作家，都在挑戰一個觀念，那就是一個人所寫的必須在某種程度上不能被推翻。我在貝克特、卡夫卡、卡爾維諾、波赫士與一個很棒的匈牙利作家喬治．孔拉德（György Konrád）的作品中都發現了同樣特質。

問：妳對尼采說的「真理只是固化的老舊隱喻」有何看法？他在談論成見與老生常談如何搖身變為世間真理。

答：但那是嘲諷意味上的真理。這也許是我的局限所在——很可能是——但除了做為謬誤的對立面之外，我無法想像真理為何物。我總要透過了解到另一事物是錯誤的，才會發現什麼是正確的：世界基本上充滿了謬誤，而藉由「拒絕」謬誤，真理才能顯露。在某種意義上，真理相當空洞，但能避免謬誤已是極大解放。

以女人為例。關於女性的真理，就是父系社會價值觀的整套系統——或者隨你想怎麼稱呼它——都是錯誤、壓迫的。真理就是，那是「錯的」。

問：幾世紀以來，父權體制的特質在於假定女性是男性的對立面。

答：嗯，「劣等的」——基本觀點是女人優於兒童，但比男人差。女人是成年的兒童，帶有孩童的魅力與吸引力。

問：令我驚訝的是，在某種意義上，哭泣與耳語（cries and whispers）——借用英格瑪．柏格曼[52]的電影片名——長久以來都被認定為專屬女人所有，而非辯證思考。

---

[51] Parable與fable的中文翻譯都是「寓言」，兩者皆指具道德教化目的之短篇故事。差別在於前者將道德教訓加入人人熟悉的日常事物中，而後者習慣以動物或無生命物體作為主角，透過生活或自然中不可能發生之事，向讀者傳遞道德寓意。

[52] Ingmar Bergman, 1918-2007。瑞典電影導演。其作品影像風格簡約，擅長探討人類存在與心理困境。知名作品有《第七封印》與《野草莓》等。

答：在我們的文化裡，哭泣與耳語屬於感覺的世界，因為男人的世界被定位成一個行動、力量、有執行力、公平無私的世界，女人因而成為感覺與感性的容器。我們的社會將藝術視為基本上具女性氣質的活動，但以前並非如此，因為過去男人很少以壓制女性來定義自己。

長久以來我所從事的聖戰之一，就是反對思考與感覺的對立，這是所有反智觀點的基礎：心靈與頭腦，思考與感覺，幻想與判斷……我不信這是真的。我們擁有大同小異的身體，但想法截然不同。我相信，我們的思考受文化的影響多過於身體，這個世界的思想才因此豐富多元。我覺得，思想是感覺的形式之一，而感覺是思考的形式之一。

舉例來說，我寫出幾本書或創作出一部電影，但這些成品並不是「我」，而是某種事物的副本——那些成品是文字或影像或任何東西——有人以為這是某種純智識的過程。但大部分我所做的，其關乎直覺的程度，與理性不相上下。這不是什麼「理解是愛的前提」，而是愛一個人就會涉及各種思考與判斷，就是如此——那是生理欲望、性欲的智識結構。然而，將思想與感覺一分為二的想法，煽動人們懷疑他們本不該懷疑或滿足的事情，這種舉動帶給人們許多麻煩。

人們以這種方式了解自己，似乎非常具破壞性，也帶來極大罪惡感。關於思考與感覺對立、心靈與頭腦對立、男女對立的這類陳腔濫調，都發明於當人們相信世界正朝著某個特定方向，也就是走向技術統治（technocracy）[53]、理性與科學的時期——但之所以會出現這些說法，是為了抵抗浪漫主義價值觀。

問：波特萊爾（Charles Baudelaire）在《惡之華》的〈高翔遠舉〉（Élévation）詩中寫道：「我的精神，你活動輕靈矯健，彷彿強壯的泳者／在浪濤裡心醉神迷，你快樂地乘浪前進／在深邃浩瀚中，懷著難以言喻的、男性的喜悅。」這首詩連結了思考與感覺，以及專屬「男性」的意識與性。然而，最近我讀到一篇

53 意指由科學家、工程師等專業人士所統治的政治或社會體系。

關於法國作家埃蓮．西蘇（Hélène Cixous）的訪談，她在其中用了游泳的另一種意象。她說：「宣稱寫作中不存在性別差異，就是主張寫作僅僅是一種加工品。從你承認寫作源於整個身體的那一刻起，你必須承認它複製了一整套衝動，以及對情感表達與快感的不同處理方法……在寫作中，比起男性特質，女性特質會產生更強烈的持續影響。這就好像女性有能力長期潛在水底下，若非需要絕不會浮出水面換氣。結果就創作出一種令讀者喘不過氣來的文本。但對我而言，那完全符合女性的官能性（sensuality）。」

答：西蘇早先在巴黎大學擔任英語文學教授，寫過一本關於喬伊斯的書，如今公認為法國執牛耳的女性作家之一。她顯然自認為女性主義者。不過，我得說，她這番話毫無道理。你將波特萊爾與西蘇對比是很有趣的，但我想那些意象隨你怎麼解釋都會導出你想要的結論。畢竟，波特萊爾曾說女人是自然的，因而可厭。他有非常典型的十九世紀厭女症，而你也可以從佛洛伊德身上發現相同傾向，比如，女人是自然，男人是文化（culture）[54]，彷彿女性是種有黏性的軟泥巴，會把人往下拉，而精神永遠都試著逃離肉體。

問：有趣的是，兩位法國作家都利用了以性別為基礎的詞彙，別出心裁地表達他們的看法——一個從厭女症的角度來談游泳與寫作，另一個則是從女性主義的觀點出發。

答：法國文化厭女到一個令人難以置信的程度。我的意思是「女性的／陰性的（feminine）」這個詞，而不是「娘娘腔的（effeminate）」——「女性的」就是一個貶義詞。說某件事物「陰性的」，就是貶義，無論是指作品、活動或是人——假如那個人是女性，那就只是一個非常狹義的性別涵義。男性的（masculine）表示強壯，女性的表示軟弱。

問：但大部分我認識的法國女人都非常強勢。

---

54 culture 一詞也有後天陶冶的意思。

答：這個嘛，這也是一個出過聖女貞德的國家！我在印度時曾問過英蒂拉．甘地[55]，女性擔任印度總理的事實是否代表印度人民對女性的看法有所轉變，也許人們覺得女性能力更好了。其實我已經知道她會怎麼回答，果然她說：「我擔任總理一事，並不代表什麼。這只說明我是一個特例而已。」同樣地，法國史上出現一位女性將領並不意謂其他人也會是聖女貞德——只是某些時刻出現一些異類罷了。

但讓我們回到你剛才提到西蘇的訪談。我非常不屑將任何事都貼上性別標籤，以至於你必須說喬伊斯是具陰性特質的作家，或他的寫作源於女性的性。我承認男、女性之間有「些許」不同，但差別很小——顯而易見，我們文化中一切事物所造成的差異更大。也許某些根本差異，源自於不同的生理機能、性器官。不過，我不相信有陰性（feminine）或陽性（masculine）書寫這回事。西蘇說，這肯定存在，要不然寫作只是在加工一項產品。在這個脈絡之下——而且如果我們被迫這麼說——我會說寫作「就是」在製造產品。我喜歡柏拉圖與亞里斯多德使用的古老類比，他們就將詩人比擬為木匠。

假如女人被認定她們必須書寫自身的感覺，而智識屬於男性，思考是殘酷和侵略性的事，那麼她們當然會寫出類型迥異的詩、散文或其他作品。但我找不到理由解釋為何女人不能寫男人所寫的，反之亦然。

問：在某種程度上，彷彿西蘇所描述的是一種意識流。對我而言，這絕佳形容了克勞德・西蒙[56]的小說……

答：或是菲利普・索萊爾斯[57]的小說，或其他作者……

---

55 Indira Gandhi, 1917-1984。印度獨立後首任總理尼赫魯（Jawaharlal Nehru, 1889-1964）之女。身為印度首位女總理，統治印度十六年之久，但在第二任期遇刺身亡。

56 Claude Simon, 1913-2005。法國「新小說派」代表作家，一九八五年獲頒諾貝爾文學獎。

57 Philippe Sollers, 1936-。法國當代著名小說家、文學評論家，創立前衛文學雜誌《如實》（*Tel Quel*）與《無限》（*L'Infini*）雜誌等。

問：但在極其有限的意義下，這也絕佳描述了妳的部分作品。因為它假設了長久以來存在的物質與觀念的極度發展——而我認為《論攝影》就是一個很好的例子。

答：但我認為還有其他不錯的例子。對於某些女性主義作家或喜歡談論這些問題的人來說，漢娜·鄂蘭這類的人就會被認定是認同男性的知識分子。她只是恰好身為女人，但她玩著男人的遊戲，這遊戲始於柏拉圖、亞里斯多德，而後由馬基維利、霍布斯[58]、彌爾[59]所承繼。她是第一位女性政治哲學家，但她的遊戲——其規則、論述、參照點——是源於一個奠基在柏拉圖《理想國》之上的傳統。她從未自問：「既然我身為女人，我是不是應該用不同的角度來思考這些問題？」事實上她沒有，我也不覺得她應該。假如我要下一盤棋，我不認為只因我是女人我就該下得不同。

顯然，那是一個更傾向於由規則主導的遊戲，但即便我是一名詩人、散文作家或畫家，似乎對我而言，我的選擇與我歸屬的傳統或與我的經驗有關，部分也許與我身為女人相關，但性別不必然是主因。要求人們必須符合刻板印象，是非常不公平的，正如同要求黑人作家表達黑人的感覺，只寫關於黑人的主題，或者反映黑人的文化感性。儘管有些我認識的黑人作家自願被區隔開來，但我一點也不想。

問：然而，妳先前說過病人彼此會有一種共鳴，老人亦然。妳也提到男女之間的對立就像一種監獄，那麼為何一個感到自身被禁錮的女性不可以跟某種特定的女性主義並肩作戰呢？

答：當然可以。我不是反對她們那麼做。但寫作之始就區分男女，是很可惜的。我始終有那樣的經驗。我有部電影受邀參加一個女性影展。我沒有拒絕——相反地，我向來很高興我的電影有放映機會，但我身為女人的事實讓我的電影被選

---

58 Thomas Hobbes, 1588-1679。英國政治哲學家。其著作《利維坦》公認為西方現代政治哲學奠基之作。

59 John Stuart Mill, 1806-1873。英國著名哲學家、經濟學家與政治理論家，十九世紀英國古典自由主義代表人物，著有《論自由》等。

進片單，純屬一樁意外。我不認為我的導演工作跟我身為女人有任何關係——它當然與我本身有關，但我身為女人只是諸多關於我的一個事實。

問：女性主義者的回應也許會是，妳表現得就好像革命已經獲勝一般。

答：我不相信我們贏了革命，但我認為對女人而言，這只是方便用來參與傳統結構與企業，用來表達女人有競爭力，可以勝任飛行員、銀行管理階層和將軍，以及許多我沒興趣也不覺得了不起的事情。不過，女人在這些行業中占有一席之地是好的。試圖建立一種分隔的文化，就是一種放棄追求權力的方式，而我認為女人「必須」追求權力。就像我過去所說的，我不覺得女人解放僅僅是「權利」平等的問題。相反地，這應該是「權力」平等的問題。除非女人參與既有的結構，否則她們要怎麼擁有平等的權力呢？

我對女性相當忠實，但這並不限制我只把作品提供給女性主義雜誌，因為我也同樣忠於西方文化。儘管西方文化對性別偏見讓步極大、並深受其腐蝕，這仍是我們所擁有的。而我覺得，即便我們是女人，也必須與這個文化共存，進行必要的變革。

我認為，女人應該為表現出眾的女人感到驕傲，並認同她們，而不是批評後者沒有表達女人的感性或女性意義上的情欲能力。我的想法是不區分任何事情。就反對性別隔離的意義上，我是一名女性主義者。這不是因為我相信我們已贏了這場戰爭。如果有些女性團體一起從事什麼活動，這是好的，但我不相信「目標」是創造或證明女性價值。我認為，目標是權力均等。我不是要建立或廢除女性文化、女性感官或女性情欲能力的準則。假如男人多一點陰性特質，女人多一點陽性特質，是很好的。對我來說，那樣的世界會比較迷人。

問：就像奇想樂團（the Kinks）[60]的雷・戴維斯（Ray Davies）在〈羅拉〉（Lola）

---

60 創立於一九六三年的英國搖滾樂團，是「英倫入侵」時期代表樂團。由雷・戴維斯擔任主唱，其弟戴夫（Dave Davies）擔任吉他手。

中所唱的：「女孩將會是男孩，男孩將會是女孩／這將會是一個混合、雜亂、令人激動的世界。」

答：我所認識每位聰明、獨立、活躍、熱情的女人，在童年時都想當個男孩。你希望你生來是個男孩，然後你就能爬樹，長大了就能當水手……或那類的幻想。當你是個小女孩，大人總說這個不行、那個不准，你自然會希望自己屬於另一個享受更多自由的性別。

大多數男孩都不想當女孩，因為他們打從十六個月大起就知道當男孩比較好。小孩好動，而男孩的活動是受到鼓勵的——弄髒衣服、玩得很野……等，但女孩不行。當我們稍微長大，就會了解到這一切都建立在「不是／就是」（either/or）的想法之上，而這如今有比較時髦的詞彙，像是「雙性人」（androgyne）[61]或「雌雄同體」（androgyny），但我不認為我們必須為此命名，因為如此一來那將變成只是論戰某一方的所有物。

問：但妳怎麼看待那些覺得自己生錯身體的人們？

答：這個嘛，再讓我們回到科學，我認為最棒的事情之一，就是有史以來人們首次有變性可能。

珍．莫里斯（Jan Morris）的著名例子是很有趣的。她是第一個我們知道在變性前就善於表達的人，而且我們也確實可以比較她變性前後的寫作。事實上，這位聰明的作家為我們提供了她的親身經驗（作者注：珍．莫里斯的回憶錄《謎》〔*Conundrum*〕），揭示性別轉換的意義。

毫無疑問，未來會有更多這類的文字，但對珍．莫里斯的變性問題，許多人關注的是她實際上將自己視為一個極為傳統意義下的女性——當詹姆士．莫里斯（James Morris）考慮他要變成怎樣的珍．莫里斯，那個想像是：我要穿成這個樣子、我要表現成這個樣子、我會有這樣的感覺，並根據傳統的文化刻板印象

---

61 此詞是一個非傳統性別二元區分的範疇，強調同時擁有男性與女性性別特質的人，而非男女性徵。

來塑造自己。

在《遇》（*Encounter*）這期雜誌中，珍．莫里斯寫了一篇文章分享她最近到威尼斯的旅行經過（作者注：篇名是「重新發現威尼斯」〔New Eyes in Venice〕），發表於《遇》一九七八年六月號）。現在，我們有詹姆士．莫里斯二十五年前所寫的一本以威尼斯為題的好書，二十五年後她帶著最小的兩個孩子重訪該地，而她曾是這兩名孩子的父親。能夠比較她的書與這篇文章是非常棒的。我兩週前才去過威尼斯，每次去的時候——我常常去——我的威尼斯專屬旅行袋裡總裝著三、四本當我在那兒時喜歡讀的書。我總帶著詹姆士．莫里斯那本談威尼斯的作品，百讀不厭，所以我還記得那本書的內容。當我回到巴黎，買了這期《遇》的時候，看到她寫威尼斯的文章。很明顯那是一個女人的文字。我不敢相信變性會讓觀點也隨之改變——這是一個人藉由轉換性別而同意進行的「文化」轉變。

問：妳說珍．莫里斯的那篇文章寫得像女人，是什麼意思？

答：因為她一直在寫她的孩子。那篇文章是關於她帶著最小的兩個孩子去威尼斯……然後你想，好吧，這只是開頭而已。但整篇文章都是「嗯，我兒子覺得這樣，我女兒覺得那樣」，看著他們享受威尼斯之旅是很愉快的事，透過他們的眼睛去看威尼斯也同樣令我激動。

問：所以，妳這裡並非意指西蘇那個水面下的比喻。

答：不，我指的是她寫得像個母親。

問：有什麼差別嗎？

答：這個嘛，母親是一個充滿女性刻板印象的角色。我知道我自己也是——我是一個母親，而且我有個成年的孩子，我仍然感到……這個嘛，你知道的……他所感覺的都那麼美好，我對他做什麼都很有興趣。我談他的次數也許多過任何一個有二十五歲孩子的父親，我以他為榮。假如他處在事件的核心，而我只是個旁觀者，這會讓我比較自在，因為我以他的表現為傲。這些都是非常傳統的母親——女人的態度。

問：但現在也有男人擔任母親一職。

答：當然，但重點是：誰說你應該要做那樣的事情？我不相信這是生理使然，我認為這是文化因素。我只是覺得這很有趣，因為莫里斯現象是我所想像將可能成真的首例。

問：我個人認為詹姆士．莫里斯與珍．莫里斯對城市的描寫非常出色。珍．莫里斯最近發表在《滾石》雜誌的兩篇文章，一篇關於洛杉磯，一篇關於華盛頓，不僅文筆優美，也充滿機智與洞見。我倒不覺得她那兩篇文章寫得像個女人。

答：不，不，我無意評價她的寫作。我想表達的是，這裡有個例子，主角是五十出頭的旅行文學作家，帶著兩個孩子去旅行。沒有人能寫得像她一樣。就算是詹姆士・莫里斯帶著兩個孩子去旅行，也可能寫不出那樣的文字來。不是說我「反對」最近這篇文章，而是那符合了刻板印象：根據你自己是什麼性別，或在這些特殊例子中，根據你自己選擇的性別——因為透過藥物，人們首次有這樣的機會——你賦予自己某些特質，例如，「因為我是女人，所以我有這樣的感受力，我對年輕人之間很溫柔，我更具有保護傾向，在某種程度上也更低調」。不過，當然，就像你所說的，男人也可能有類似想法。

問：在〈舊怨重提〉（Old Complaints Revisited）中，主角——敘述者的性別被特意模糊掉了。以撒・辛格[62]在最近一篇訪談裡宣稱：「這麼說吧，假如你打算寫世界性小說（cosmopolitan novels）與描寫一個人類，是不可能成功的。因為沒有『只是一個人類』這回事。」妳所寫的這篇文章似乎反駁了辛格的看法。

62 Isaac Bashevis Singer, 1902-1991。出生波蘭的美籍猶太作家，一九七八年諾貝爾文學獎得主。代表作品有《傻子金寶》等。

答：〈舊怨重提〉在玩這樣的觀點：特殊化是不重要的，因為真正的特殊化在於多重參照點的使用。我另一篇故事〈寶寶〉（Baby）也在玩同樣的觀念：你可以有複數的第一人稱敘述者，但究竟是母親或父親跟心理醫師談話，並不重要，因為他們就像同一個人在發言。他們是連體嬰父母。

我真正想做的——不過文法讓我們無法擺脫這些刻板印象——是用「它」而不是「他」來指稱這個孩子。但我們辦不到，因為文法的既有規則不允許我們這麼做，除了「寶寶」還是嬰兒的時候。在剛出生的幾個月裡，一個嬰兒的性別在語意上還是相當模糊的。我記得大衛剛出生時，我丈夫和我會說：「寶寶，寶寶怎麼樣啊？」因為那時候寶寶還不是「大衛」。我不知道究竟是到了第三個月、第四個月還是第六個月，或是當寶寶開始說話時，才適合用名字稱呼。但自從我決定在小說裡，不管到了幾歲——嬰兒期、青少年、青年——孩子始終會是孩子，我就無法用「它」來指稱孩子。因為會很奇怪，我必須做個選擇。所以，那個孩子就變成了「他」，但我不喜歡這個決定。我的意思是，為何「它」非得是「他」不可？

〈寶寶〉是我幾個比較自傳性質的故事之一，這篇故事取材於我自己與兒子的童年經驗，還有一部分是杜撰的。所以我可以身兼受害者的孩子與怪獸家長（monster parent）兩種角色。我想我是個好家長，但父母可以是怪獸，孩子也能準確地了解那一點。他們非常巨大：當我們是孩子的時候，父母就是巨人！所以我必須以一種不過度簡化的方式來面對那些複雜情緒——我做為孩童的受害感，那是每個孩子都能體會的，以及我同時身為父母的感覺。之後就讓那些情緒自由發揮。

問：當妳寫作時，妳覺得像個女人？一個母親？或者並沒有任何實體？

答：我發現寫作是去性的（desexualizing），這是它的諸多限制之一。我不吃東西，不然就是吃得非常不規律、隨便吃或少吃一餐，而且我盡可能睡越少越好。我的背疼、手指發痛，還有頭痛的毛病。寫作甚至也斷絕了我的性欲。我發現，如果我對某人有性方面的興趣，同時間也開始寫作的話，那陣子就幾乎會是一個禁欲或獨身的時期，因為我想要全部身心投入於寫作。我就是這種作家。我毫無章法可言，而且我是在一段非常長、極度壓縮、著迷的時期寫作。

問：妳過去曾談過，劣質言語是一種分離的言語，也就是一種與身體脫節，因而與感覺脫節的言語。我猜妳也會說這適用於寫作。而且妳曾提到，動人的言語是感官表達的工具。這符合妳剛剛說的寫作習慣嗎？

答：這個嘛，確實是的，這是我在寫作中始終想改變的幾件事情之一。我想學會如何不虐待自己身體地寫作，而我也開始這麼做。首先，雖然我最近身體狀況大有好轉——據我的醫生說，目前情況相當樂觀——但我還是覺得很虛弱，我還是有充分理由擔心我的健康狀況會再度惡化，因為從未生過病的我，曾以為可以永無止盡地虐待自己的身體，而身體總會恢復。因此，就醫療理由而言，我不願再像從前那樣寫作，因為我怕變得脆弱或免疫力降低。但我也認為改變我的寫作方式是一件好事。就像你說的那樣。

身體始終在那兒，貯存著各式各樣的感覺——你不需要跟人上床，好讓自己可以想像性或產生性幻想：感覺就在腦子裡，身體也在腦子裡。不過，我現在試著想像，書寫與感覺都十分舒服的話，會是什麼情景。如果你全裸並用天鵝絨裹住自己！你會寫出不同的作品嗎？我想你會的。

問：妳坐在書桌前寫作嗎？

答：打草稿的時候，我傾向在床上毫無拘束地寫。一旦我有什麼東西可以打字，我就會來到桌前，坐在木椅上。從那刻開始，我就對著打字機工作。你呢？

問：坐在桌前的硬木椅子上，周圍散落一堆東西。

答：但如果你是全裸的狀態並裹著天鵝絨，你不覺得你會寫出不同的東西嗎？（笑）據說歌德，還是席勒，寫作時習慣用溫水泡腳。而華格納一定要在充滿香氣和香水味的房間裡穿著絲袍，才能作曲。

問：聽說海頓作曲時會戴著假髮。

答：我也聽某人說他寫作時一定要穿上最好的衣服。我都穿著我的藍牛仔褲、舊毛衣和布鞋。

問：納布可夫（Vladimir Nabokov）會站在講臺上，在他的小索引卡上寫書。

答：我無法想像站著寫。不過，從那個意思上來說，我想身體也會有所改變。

問：妳是說，身體一旦有所變化，風格也會隨之轉變嗎？

答：我是這麼想的。因為我在自己的寫作中發現，我有壓抑形象的傾向。再強調一次，這是一個「這就是這個」與「這不是別的」的想法。我確實偶爾會使用意象，但我在某種程度上很抗拒它。我傾向以白描的方式書寫。

問：我列了一張清單，上面有四個也許可以定義妳寫作風格的形容詞：簡潔、精準、冷靜、樸素。

答：在這些詞當中，我肯定與「樸素」有關。我總覺得樸素是好的寫作方法。對我來說，作品中容易腐朽的地方就是其修飾之處。素樸的風格才能永久。不過，最令我驚豔的兩位美國作家伊莉莎白·哈德威克（Elizabeth Hardwick）與威廉·蓋斯（William Gass），他們的寫作剛好跟我相反——他們也彼此不同——他們兩人運用意象，且從意象中發展出主題，再將這些主題重新沉回意象之中。

有人說：「路是直的。」好。然後，「路直如弦。」對我而言，這兩句話存在著令人難以置信的差距。有一部分深處的我覺得「路是直的」就是我們需要的，以及我們該說的，其他的只是造成困擾而已。但我現在也能從寫出「路直如弦」這樣的句子中得到快樂。即便如此，「有一條路」與「有一條弦」——說真的，它們彼此之間有什麼關係？所以這問題仍糾纏著我。

問：回到我們先前的話題，對於以一種與過去不同的方式寫作，妳很感興趣？

答：是的，我想試試看不同的寫法。我希望發現一種自由，全然迥異於我現在所擁有的自由。我確實擁有身為作者的某些自由，但還是缺乏另一些自由。我得透過實踐才能發現那些自由。卡夫卡說，寫作時越孤獨越好。他是對的。

問：妳不覺得一個人的寫作風格在某種程度上是由神經系統決定的，而不只是換換衣服而已嗎？

答：我認為，某些要素比神經系統更關鍵。但我的神經系統肯定有別於二十年前。成年後我用過極少量的迷幻藥。吸大麻——我吸得很少——改變了我的神經系統。例如，它讓我放鬆。這說起來很蠢，但是真的，在吸大麻之前，我從未感到像現在一般輕鬆。二十二歲時，我開始吸大麻。我不必然要靠大麻來達到那樣的放鬆，但我可以藉此與放鬆的那部分自己建立聯繫。我不知道吸大麻會讓人放鬆、有什麼好處，或者從中可以獲得什麼（笑），我只是不明白要如何像那樣放鬆。這類藥物讓我了解到，對我來說，某種消極是有益的，因為我非常緊繃。而我所謂的消極是正面的意思，就賴希的意義上來說，因為我總想忙個不停。

我小時候總靜不下來，我討厭當個孩子，我只是忙個沒完。大約八、九歲的時候，我埋頭狂寫——我無法保持不動。然後，我二十出頭時開始吸點大麻，光一個深呼吸就能讓我了解到偶爾冬眠一下是什麼滋味。我的神經系統也因此上了一課。我能夠放鬆，這使我的生活變得更好一點。我不再那麼緊繃，也不白費精力，我工作時也順暢許多——雖然就算不吸大麻，我也可以從學習打撞球來了解這個道理（笑）。但事實上那對我的確很有幫助。只是吸大麻並未改變我的風格。這就是為何我說寫作源於某種更強烈的東西。

我想表達的是，一個人的寫作養分來源很多。你的書寫會源自於你的崇拜對象。但你會全盤吸收那些影響力。當我十六歲時，我曾經非常喜歡傑拉爾德·曼利·霍普金斯（Gerard Manley Hopkins）與珠娜·巴恩絲（Djuna Barnes）。但現在我發現再也沒辦法讀他們的作品，不可否認，以他們的方式而言，這兩位作家是很傑出的。我只是說，我已經盡可能從他們的作品中學到了一切，而他們的作品也深深印在我腦海中，難以忘懷。我完全吸收了他們的作品，所以為什麼要重讀呢？相反地，我想擺脫他們的影響。

內化某個在你年輕時影響很大的東西，是最自然的事情之一，畢竟那「是」你的一部分——因為你一無所知，所以在那個時刻能夠大量吸收，而且你渴望有一個榜樣。但我不認為這是如哈洛·卜倫[63]所闡述的佛洛伊德理論，就為了消除前輩的影響，所以彷彿出現了某種殺人衝動。我想你可以「徹底」利用那些影響，直到那些影響不再有用，直到出現一種想抵抗這些影響的自然衝動，並嘗試別的可能。但假如現在令我渴望的文章是哈德威克與蓋斯的作品，那正是因為二十年前我並未產生那樣的共鳴。二十年前能讓我產生共鳴的對象是卡夫卡的作品，不過，我想我已經從卡夫卡那兒盡可能學到了一切。能認同某種異於我早年品味的東西讓我相當興奮——我不是討厭以前我著迷的那些作品，只是我需要新血、新的養分與靈感。我喜歡那不是我、喜歡試著去學「這不是我」或我不熟悉的東西。我滿懷好奇。

問：我記得，高中時我讀過珍·奧斯汀與司湯達爾，卻沒什麼感覺。數年後我重讀他們的作品，大吃一驚。

答：你說得沒錯，我也是。當我十來歲讀《傲慢與偏見》及《紅與黑》時，心想：這有什麼了不起的？然後到了三十多歲，我再讀這兩本書，覺得它們毫無疑問是傑作。有些小說要求讀者在理解內容前需要較多經驗，這我非常同意。然而，兩年前我重讀《卡拉馬助夫兄弟們》，我內心的激動就如我十多歲時讀這本小說一般，也許比那時更加激動。我的意思是，那是最令人興奮、熱情、發人深省與愉悅的作品……讀完這本書之後，我飄飄然了好幾個禮拜。我想：不可思議，現在我知道我為什麼要活著了！我已經好幾年沒讀這本小說，但我當下的感覺就跟我十七歲讀它時一模一樣。我認為《卡拉馬助夫兄弟們》是一本適合任何年齡層的書，而且每一次閱讀都會有新的體會。不過，《紅與黑》

---

63 Harold Bloom, 1930-。耶魯大學文學教授，當代著名文學理論家、批評家。著有《影響的焦慮》、《西方正典》等。

與《金缽記》（*The Golden Bowl*）[64]只適合成年人。

問：我在大學時讀過《金缽記》，並為之著迷。但也許像妳一樣，我可能常常一次吸收太多，因為我不確定如今的我有辦法重讀這本小說。

答：你讀過亨利・詹姆斯的《卡薩瑪西瑪公主》（*The Princess Casamassima*）嗎？那是本好書，你應該讀——它所描述的內容全跟六〇年代有關！但重點是當你加入這個世界時——換言之，一個關心這類事物的世界——就彷彿你始終在嘗試新的料理，你學會不同煮法，然後就會吃過頭。我確實認為你會耗盡體內某個東西，但也能隨時回復，因此我們應該永遠都不要下定論……儘管如我所說，某些東西是我們童年的一部分，但再也追不回來。

問：妳年輕的時候，是哪一本書讓妳想成為作家？

答：是傑克・倫敦的《馬丁・伊登》（*Martin Eden*）——故事最後以自殺結尾！我

十三歲時讀了這本小說，但如今重讀的話，我可能不會有當初的感動——傑克・倫敦已無法滿足現今成年人了。

問：撇開職業上的興趣不論，第一本讓妳感動的書是什麼呢？

答：是居里夫人的傳記，她女兒依芙（Eve）寫的，這本書在四〇年代非常有名。我肯定是七歲時讀了這本傳記——也許更早，當我六歲時。

問：妳六歲大的時候就在讀書？

答：是，我三歲時就開始了。第一本影響我的小說是《悲慘世界》——我不僅哭了、啜泣，還大哭一場。當你是個喜歡閱讀的小孩，你只會讀家裡現有的書。

---

64 美國作家亨利・詹姆斯長篇小說。透過兩段錯誤婚姻，探討「新」、「舊」世界的衝突、物質與人性的糾葛等。

我十三歲時讀的多半是歐洲作家——湯瑪斯．曼、喬伊斯、艾略特、卡夫卡與紀德。要等到更大一點，我才開始接觸美國文學。我從在賀曼（Hallmark）賀卡店販售的現代圖書館系列（Modern Library Edition）[65]中發現許多作家。為了買下全集，我還存了零用錢。我甚至買過真正的爛東西，像亞當．斯密的《國富論》（笑）。我以為每一本現代圖書館系列的書都是傑作。

問：但妳上高中之後肯定讀了許多比妳剛才提到的還要淺顯的書。當我進高中時，每個人都必須讀喬治．艾略特（George Eliot）的《織工馬南傳》（*Silas Marner*）。

答：我也是。我是在四〇年代末上高中的，然後五〇年代初進了大學。我大你十歲，但我們兩個的高中課表應該差不了多少。

問：一九六〇年代初妳到哥倫比亞學院來教書，我當時是那裡的大學生。

答：那段在哥倫比亞教書的時光真的很棒，我非常懷念當時的一切。我教的是人文與當代文明課程，因此我每年都必須讀《伊利亞德》之類的作品。很多人問我，我是從哪找到這麼多參考資料的。這個嘛，有許多書我爛熟於心是因為我整整十年都在教那些資料的源頭。

當我著手寫《疾病的隱喻》，我不必一直查資料，是因為我記得《伊利亞德》第二卷的瘟疫、修昔底德（Thucydides）筆下的雅典瘟疫，以及薄伽丘的佛羅倫斯瘟疫。我很清楚，在浪漫主義時期之前，疾病始終都是「不浪漫的」。在那些早期作品中，疾病並未被視為一種心理狀態或天啟的命運——那些書都在談怎麼控制、處理與理性地對待疾病。當我開始查資料時，在十八世紀中期之前的文獻中，卻找不到一個如現代用法的疾病隱喻——也就是疾病作為一種人類處境最極端形式的意象。

65 一九一七年，美國波尼&李維萊特出版社創立這套經典叢書系列，但在一九二五年由蘭登書屋創辦人接手。

但你也可以在其他概念中發現同樣的發展過程。我們對於性的觀點變得更加實際，透過我們對其賦予之事物及其所背負的價值表現出來。我不是說人們在那之前不關心性，但他們不是在「戀愛」（in love）的意義下將性浪漫化。然而，我也不認為戀愛是普羅旺斯吟遊詩人的發明——我認為愛的概念衍發至顛峰，才變成主要、甚至體制化的概念。這是說法之一。不過，我們也能在古代或東方文獻中，發現許多關於色情與浪漫熱情的例子，像紫式部的《源氏物語》便描繪了一種浪漫的愛戀。我的意思是，人們深知為另一人著迷是何等滋味。

問：關於疾病與愛情，常常會讓我想到托瑪斯．曼的《魔山》與伊塔羅．史維渥[66]的《季諾的告白》（*The Confessions of Zeno*）。他們以迥然有別的方式同樣書寫了疾病與愛情，而後者的漫不經心與諷刺是前者沉重與不祥的一道解藥。妳如今已經寫了疾病，但還沒寫過愛情。

答：我很樂意！但書寫愛情得非常勇敢。因為那彷彿是在描寫你自己，這令人尷尬，彷彿人們將會因此得知你不願別人知曉的事情；此外，也因為你想在某種程度上保有隱私。即便我不是真的在寫自己，別人還是會這麼認為，所以我會為此不好意思。但好幾年來，我其實一直都在為一篇關於愛情的文章做筆記。這是我多年來的愛好。

問：妳提到不好意思這點很有趣。畢竟比起六〇年代早期我們初次見面時，妳已經沒那麼害羞。

答：確實如此。

問：我最近重讀妳的〈河內之行〉（Trip to Hanoi），注意到這段話：「我期待這裡有人不會那麼謹慎，會談談他的私生活、他的情緒，會跟著『感覺』走。」然

[66] Italo Svevo, 1861-1928。義大利小說家，首開義大利心理小說先河。代表作品《季諾的告白》，深受佛洛伊德理論影響，採第一人稱，描述一名叫季諾的男子，在心理治療師堅持下，提筆寫下回憶錄。

後到了文章的第二部分，妳開始能理解北越，就好像一件本來晦澀的藝術品，現在妳卻能看透它。妳更了解這件藝術品了。

答：直到這篇文章的第二部分，我才開始寫我做了什麼，是因為我覺得承認越南與我們截然不同是很重要的。我不喜歡「人類一家」這種自由派的想法，這種觀點想表達的是我們都一樣。我認為，文化差異「確實」存在，因此對這些事情小心謹慎，非常重要。所以我不再為他們而戰、去應允或給予某種東西。雖然我把這種行為視為一種慷慨舉動，但他們表達慷慨的方式跟我們全然不同。就行為和語言而言，他們有自身的傳統，而且他們所謂的親密也與我們的親密無關。這彷彿是在學習如何尊敬世界。世界相當複雜，無法任由我們輕易化約。

問：妳在這篇文章中提到，妳近日訪問了古巴，而古巴人與我們一樣瘋狂、親密和健談。相較之下，越南人拘謹、慎重與壓抑。對我而言，這彷彿是妳在描述馬賽・巴紐[67]或尚・雷諾瓦[68]的電影，以及羅伯・布列松[69]的電影彼此間的差異。倘若這兩個社會是電影，妳也許會毫不猶豫地全盤接受。

答：對極了！你觸及了對我而言非常重要的事情。比起我理解藝術的方式，在生活中我的確是比較狹隘的人。我對藝術抱著比較普世的心態，更尊重差異的存在。而且沒錯，我自己的風格比較狹隘。我確實喜歡親密，一種猶太式的親密。我喜歡健談的人、會談論自己的人、溫暖且會以肢體表達出來的人。但我並不是活在布列松或巴紐的影片中，我必須活出自己的人生，以克服我自身局限。

所以我的品味比較編狹、比較局部、比較地域性。這不一定是個問題。我的意思是，我不想變得冷漠，以至於我會說人們是好是壞都無所謂，因為事實上無論人們怎麼樣，我都能從中發掘值得欣賞之處。不過，我的朋友大多都善於表

---

67 Marcel Pagnol, 1895-1974。法國電影導演、小說家與劇作家。

68 Jean Renoir, 1894-1979。法國知名電影導演，代表作品有《大幻影》等。其父是印象派重要畫家雷諾瓦（Pierre-Auguste Renoir, 1841-1919）。

69 Robert Bresson, 1901-1999。法國電影大師。雖然一生僅創作十三部長片，但高度精煉凝聚的形式，影響全球電影創作者深遠。代表作品有《罪惡天使》等。

達，因為那是我喜愛的類型。我自己比較封閉，所以我喜歡親近一群不像我一樣封閉的人，喜歡被他們圍繞著。因為他們會把我往外拉，這讓我感覺很好。更何況這是我獨一無二的生活。不過，當我想到電影或其他東西，我考慮的是世界，於是對應該有人這麼做、有人那樣做的這類想法，我完全能坦然接受。

問：當妳思考「愛」這個主體、這種感覺時，妳是像欣賞電影一般抱著開放的心態呢？或是像妳的生活方式一般謹慎，略帶點狹隘的態度呢？

答：對我而言，越南那篇文章是一個真正的轉變。因為那是我首次從頭到尾都在說我自己——雖然非常羞怯——而且當我這麼做時，我覺得那是一個巨大的犧牲。我想，天啊，我真的恨透這場戰爭，我願意這麼做來貢獻我微薄心力。但我是有自覺的犧牲。我本來不想寫我自己，我想描述的是「他們」。但當我了解到，為了讓「我」能說他們的故事，最好的辦法是把我自己也寫進去，所以這如同犧牲。而且也改變了我。我意識到，我享有某些專屬於作者的自由，這是我從未想過我會想要的。因此，我在一些自傳故事中開始非常謹慎地探索那些自由。

問：妳曾說過：「能讓你體會到新感覺的事件始終是一個人最珍貴的經驗。」妳也說過：「要平靜地去愛、毫不猶豫地信任、毫不自嘲地盼望、勇敢地行動、以無窮力量去承擔艱鉅任務，是『不』簡單的。」[70]當我讀到這些句子時，我的感動就像初次聽到卓別林在他的電影《大獨裁者》（*The Great Dictator*）中那番偉大的人道主義演講一般強烈。

答：那正是我對自己的期許，但非常困難。重點是，意識是一種驚人的東西，一旦我們意識到一切，就會立刻意識到不足。一旦我們為自己樹立一個理想，就會看見那個理想的局限。

---

70 兩段引文均出自〈河內之行〉。

問：我剛剛引用的那段話，聽起來彷彿出自普魯塔克[71]或孔子之口。在他們那個年代，英勇情操與行為仍是理想的處世之道。

答：我十分著迷崇高品行這個概念。有些詞語像是「高貴」（nobility）對今日的我們而言非常陌生。退一步說，這個詞聽起來也挺自負。

問：在〈河內之行〉中，妳寫到諾曼·莫里森（Norman Morrison）的自焚（作者注：這位生於巴爾的摩〔Baltimore〕的三十一歲貴格派教徒〔Quaker〕，為抗議美國政府涉入越戰，於一九六五年在國防部長羅伯·麥納馬拉〔Robert S. McNamara〕五角大廈辦公室外自焚）。在那篇文章中，妳認為越南人並未以其「實際效果」，而是以「莫里森行為的道德成就，也就是從一次超越自我行動的完整性」來評價整件事情。奇怪的是，妳在〈靜默的美學〉那篇文章中也提過這點。我覺得在這篇越南日記裡，藝術與生活某種程度上有點重疊了。

答：正是如此。而且在我那本談疾病的書裡，它們某種程度上也交織在一起，因為那本書是一個源於極度狂熱經驗的產物。我非常希望藝術與生活能夠在我的小說中相互融合。當我必須校對《我，及其他》這本書的故事時，身為一名讀者、而非作者的我，相當驚訝它們之間有共同主題，也就是追尋自我超越，嘗試變成一個不同、更好、更高貴、或更有道德感的人——意即一個人所渴望或尊敬的一切都具有道德特質，因為它具備藝術、責任、目標或理想的品質。

問：我待會還想再聊聊妳的小說。但回到我們先前談的壓抑與開放的觀念……

答：這非常複雜，因為我確實有關於身為一個孩子與一個大人的想法，雖然我不知道這個想法對不對。那些概念一直盤旋在我腦海裡。有時候我心想，兩者沒有差別，這完全只是人為區分。只因我們變得更老、皮膚變得更皺，那又如何？誰在乎？一個人到底幾歲很重要嗎？我們不該先入為主區分某些事情只有小孩

---

71 Plutarch, 46-120。羅馬帝國時期希臘作家，著有《希臘羅馬英豪列傳》。

能做、某些事情只有大人能做。我對童年抱有幻想——不是我個人的童年，而是透過孩子的開放、天真、脆弱與對事物的敏感所呈現出來的那些價值——我認為，身為成人的我們失去那些特質，實在太糟糕了。

所以我有這些想法，還有那些我一直反抗的矛盾觀點。實際上，就在今天一早，當我在醫院候診時，與一個陪我同去的朋友恰好聊到這個話題。我說：「這個嘛，我是個『成年人』了。我應該『這麼』做。」在那個語境下，我所謂的成年人舉止指的是，「我應該獨立、自主，並且不會感到害怕」。在那語境下，成年代表的是非常正面的價值——完全不是指浪漫意義上的失去想像力，或者枯竭、僵化的意思。不，成年意謂著自由、自主、勇敢、大膽、敏捷、自給自足。我想「擺脫」我內在孩子氣的一面。

我想說的是，我們對愛情的觀點完全取決於我們對兩種條件的矛盾心態——童年的正負面評價以及成年的正負面評價。對許多人來說，愛情意謂著童年所代表的那些價值的回歸；另一方面，愛情代表了那些受到成年人從事的枯燥、機械性的工作、規定、責任感所控管的價值的回歸。愛是感官享受、玩樂、不負責任、享樂主義與變笨。而且在人們的想像中，愛是依賴、軟弱、淪為感情奴隸，視愛人為父母或兄弟姊妹一般。我們重現了童年時期某一部分的自己，在那段日子裡，我們沒有自由，完全依賴父母，特別是母親。

我們向愛索求一切。我們要求愛無法無天。我們要求愛能團結家庭，使社會井然有序，讓各種物質過程得以代代相傳。但愛與性之間的連結十分神祕。有一部分關於愛情的現代意識形態假設愛與性是一體的。它們可以是，但我覺得倒不如說它們彼此有害。況且，對人類來說，最嚴重的問題莫過於愛與性不是一體。為何人們「想」談戀愛？這很有意思。有一部分原因是他們想戀愛，就像我們想再搭一次雲霄飛車一樣——即使知道我們將會心碎。愛情最吸引我的地方在於，愛情關乎所有附加其上的文化期待與價值。當人們說：「我戀愛了，我瘋狂地愛了，我有過一段韻事」，緊接著對方會告訴你其中的點點滴滴。你問：「你這段感情談了多久呢？」對方回答：「一星期。我實在受不了他／她了。」

我從沒談過短短數年的戀愛。我這輩子的戀愛經驗有限，但只要我一談戀愛，就會不斷發展下去，直到——通常如此——以災難收場。一週的愛情是什麼，我真的不懂。當我說我戀愛了，那意謂著我整個生活都跟對方密不可分：我們住在一起、我們是戀人、我們一同出遊、我們一起做事。我從未跟一個我沒上過床的人談戀愛，但我知道很多人都會說他們就是如此。對我而言，他們真正的意思是：「那人很吸引我，我有這樣的幻想，然後一個禮拜後幻想就破滅了。」不過，我知道我是錯的，這大概是我自己想像力有限的關係。

問：那柏拉圖式的戀愛呢？

答：我當然也深愛某些我不會跟他們上床的人，不過那是另一回事。那是友誼之愛，這種愛可以非常熱烈，也可以非常溫柔，就是擁抱之類的欲望。但這肯定不是指我想跟那人一起寬衣解帶。

問：不過，某些特定的友誼可以是情色的（erotic）。

答：噢，我想友誼是非常情色的，但不必然跟性有關。我所有的關係都是情色的：我無法想像我喜歡一個我不想碰觸或擁抱的人。因此在某種程度上當然有情色的一面。我不知道，說不定我還是從我自己的性觀念來發言，但那些人確實吸引不了我。

問：妳怎麼看待司湯達爾的愛情理論呢？

答：我非常喜歡他的《論愛情》（*On Love*），因為那是少數幾本專門討論這個主題的書，但我覺得他太在意每個人的身分了……你知道的，這「是」某某伯爵夫人，然後在這裡她盛裝打扮、在那裡她在起居室中、在那裡她與丈夫一起、在那裡她與大使一起，諸如此類。你不覺得名人會讓你興奮嗎？對你來說，難道這不是很情色的嗎？

問：不盡然，因為我更受那些孩子氣的人吸引，而任何人都可以孩子氣。

答：你沒注意到，名人向來渴望告訴你，他或她是多麼脆弱的小孩？（笑）他們已經厭倦被敬畏地對待，以至於比任何人都急著讓你知道這一點。

問：妳不是，而妳的確令人敬畏。

答：是的，我是，但我們不是那樣認識的。如果是我想親近的人，我會立刻試著跟他們解釋，我就像個孩子。我非這麼做不可，因為我想跟他們有一個普通人的關係。我的意思是，你想保持安靜。這不是什麼了不起的形上學概念，不過我確實認為某些事情只會發生在人與人的靜默之間。如果你是名人，人們就會期待你一直講話、表演，或展現你的個性。我遇過許多人，在我知道「他們」是誰之前，他們已經知道「我」是誰了。所以，假如有人想和我當朋友、情人、同伴或夥伴，我會讓他們看到一個有血有肉、沉默的人，好讓他們放鬆……我覺得這是很自然的。我喜歡透明的安靜，讓對方可以清楚地透視。我也不願像某些人——特別是聰明人——一樣，行為徹底分裂，說什麼「這個嘛，別在意那些我寫的書……那只是一小部分的我而已」。他們急著去「安撫」人，就為了保證別人不會嚇壞，但如此一來，他們就否定了自己，也讓自己的作品陷入困境。他們轉而聊起酒、食物還有天氣，暗示他們無法跟別人分享工作。我寧可談我對什麼感興趣，也不願假裝我沒那麼複雜，因為這麼做我就欺騙了別人的感情。

問：作家保羅．古德曼向來都說，他著迷那些對他關心什麼一點也不在意的男孩，而真正吸引他的是他們肉體的優雅。

答：我希望我懂他說的……不過這會招來著名的早餐問題。

問：什麼問題？

答：一個你隔天早上起來後要怎麼辦的問題。你能說什麼？我的意思是，想想你跟某人共度了一晚，你們倆一起用了早餐。然後你意識到，這個人除了在性方面吸引你之外，你們之間毫無共同點。這時你該怎麼辦？

問：大概在天亮前，我就會立刻走人了！但事實上我盡量避免發生這種事情。

答：做為一個男人，別人總告訴你，那是男人的性的一部分，純肉體關係並沒錯。但女人可不會聽到這類的話。假如我發現我正在跟一個笨蛋吃早餐，我會覺得很丟臉——雖然我不覺得我應該——而且我「也」覺得，這是女性制約反應的一部分：我吃了虧。我心想：「好，男人與女人幹了那檔事，但男人卻覺得沒什麼」，可是我忍不住會覺得自己在將就。男人的性「建立」在將就上。但我並不覺得：「我放下身段去將就，挺好的，為什麼不呢？」——雖然很明顯地我更希望生活在一個沒人這麼做的世界——我覺得丟臉，而且一點也不欣賞自己的難為情。我想，在文化上，女人對男人有性方面的約束力。沒哪個異性戀男人可以像男同志一樣，與不同伴侶發生短暫性關係。因為異性戀男人還是得跟女人打交道，而女人的要求不只是兩分半鐘的激情。

問：也許他們還想來一頓早餐！

答：也許他們還想來一頓早餐（笑）。性行為是一個無比尋常的習慣，你可以習慣於某種程度上不帶任何感情、輕易得手的兩分半鐘激情。我認為性衝動具有無限的可塑性。人都會經歷性欲來來去去的時刻。因此，我認為人們熱切追求的其實不是性，而是權力。想想掌握主導權的念頭向來是如何助長性欲的。有時候，性似乎是文化允許人們對抗不安全感，以及對抗自我感覺毫無價值、毫無吸引力的一種方式。

問：所以，在某種程度上，妳覺得性可以看成一種隱喻？

答：我不覺得性是一種隱喻。性是一種活動，這種活動被賦予了各式各樣原本不屬於它的價值。性可以容納這些價值，卻轉變成一種內部多元決定的（overdetermined）活動，性承載過多的價值和其他形式的肯定與破壞。那些肯定與破壞是當你從事性行為時——你的性對象是誰、對方是什麼樣的人——以及當你試圖了解為何人們會逃離性、為何人類以他們渴望的方式來追求性，以及人們如何將性與愛連結起來時所出現的。性就是如此繁複的一套修辭。我們被教導性在某種程度上是我們生活中重要或「唯一」的自然活動……這肯定是胡說八道。非常難以想像什麼是自然的性。我不認為我們當中哪個人會有自然的性。我認為，性的意義會隨著我們生命中不同階段而改變。

問：一名婚姻諮商師宣稱，兩人之間要不就是對稱關係，要不就是互補。或者說，真心的婚姻，或依賴的婚姻。

答：但我認為那種術語很荒謬，因為按照他們的標準，這世上必定只存在著百萬分之一的對稱關係。那些談論關係的說法相當缺乏歷史脈絡。關於家庭、愛、關係等概念僅起源於幾百年前。你知道，人們有個很糟糕的隱喻，就是這關係「行得通」──好像關係是一臺機器。我們滿腦子這樣的比喻與這類期待。這些婚姻諮商師可曾討論文化導致的內在不平等，像是男與女、老與少？在這個社會中男女享有平等關係是什麼意思？大多數人甘於不平等。你提到「真心的婚姻」，但一方出門工作時，另一方卻得待在家裡。

問：那麼介於兩者之間的女人呢？還有妳呢？

答：我幸運的地方在於，我很年輕的時候就有了孩子，也結過婚。我有過那樣的經驗，然後從此免疫。但那不是個典範。我選擇不再結婚，我已經有了孩子——所以我沒有錯失當母親這樣棒的經驗——接著我決定過獨立的生活，這種生活充滿許多不安全感、不愉快、不安、沮喪，以及長時間的禁欲。我以為這就是我想要的……但這真的不是一個模範，而是我個人的解決方案。我可以說服自己這麼做，因為那是我的人生規畫。

問：這是有自覺的選擇嗎？

答：不是，但我確實想體驗不同的生活。可是，既希望體驗不同的生活，同時還有丈夫，這是很困難的——至少就我的婚姻而言，我的婚姻關係令人難以置信的緊密。我們時時刻刻都在一起。你不可能一天二十四小時都只跟一個人相處，年復一年不曾分離，卻同時擁有成長、改變和想飛就飛去香港的自由……這很不負責任。所以，這就是為什麼我說，到了某個時間點，人就必須在生活與人生規畫中抉擇的原因。

問：對許多知道妳名字與喜愛妳作品的人而言，妳有一種獨特的神祕感。我認識非常多妳的女性崇拜者。

答：但你說的神祕感，過去叫做「名望」。

問：以妳的例子來說，既是聲望又是神祕感。因為神祕感在某種程度上，跟妳不是那種會在媒體上聊自己正在跟誰交往的公眾人物有關。

答：這個嘛，哪個正經作家會這麼做？

問：我可以列張清單給妳。

答：但那些人毀了他們身為作家的人生。一旦那麼做，就是宣判自己作品的死期。像海明威、楚門・卡波提（Truman Capote）若不是公眾人物的話，他們的作品肯定會更好。這「是」一個在作品與生活之間的選擇。這不僅是一個你接受媒體採訪多少次的選擇，也關乎你的社交生活到底有多豐富。

舉一個我真正欣賞的作家為例，在尚・考克多[72]十多歲或二十出頭的時候，他去見普魯斯特，當時普魯斯特已經住在他那軟木貼面的房間裡[73]。考克多帶了一些自己的作品過去，普魯斯特說：「你可以成為一個偉大的作家，但你得小心社會。偶爾出門無妨，但不要讓它變成你生活的重心。」普魯斯特說話的方式彷彿一個年輕時曾有過豐富社交生活的人，那種我們在巴黎會稱為咖啡館社

72 Jean Cocteau, 1889-1963。法國詩人，身兼電影導演、小說家、評論家、劇作家、畫家等多重身分，主要作品有電影《美女與野獸》等。

73 普魯斯特受神經衰弱所苦，於一九一〇年請人將家中臥室牆壁全部加上軟木貼面，以阻絕外界噪音。

交圈（café society）[74]或噴射機階層（jet-set）[75]的生活。不過，他知道，總有一天你要在工作與生活之間做出抉擇。這不單單是你是否要受訪或談論自己的問題，這是一個你要親近社會到什麼程度的問題——通俗意義上的社會——以及享有許多似乎對你及其他人而言迷人無比的愚蠢時光。

問：但想想龔固爾兄弟，他們若非在第二帝國時期幾乎每晚在巴黎參加派對，如何寫得出那樣傑出的作品。在某種程度上，他們相當出色，但屬於上流社會八卦的那種類型。

答：但他們也是運用小說與報導文學兩種形式的社會史家。巴爾札克也是。然而，到了二十世紀，問題稍有不同，因為我們擁有更多的機會。我不是說人們應該待在軟木貼面的房間中，但我認為一個人需要高度自律。更深一層說，作家的職責是反社會，如同畫家一般。有人曾問畢卡索為何從不旅行——他從未旅行或出國。他自西班牙前往巴黎，再搬去法國南部，此外就不曾去過任何地方。畢卡索答說：「我在我的腦子裡旅行。」我確實認為選擇很多，雖然我們年輕時不覺得有何特別——也許我們不該——但在之後，倘若我們想將某件還不錯或有希望的作品，磨練成一件會帶來真正成就感與必須承擔若干風險的鉅作，那麼，對作家或畫家來說，唯一的可能性就是經年累月的工作，而且必須閉門不出。

問：在七〇年代中期，妳跟其他幾位作家都應邀畫過自畫像，而後收錄在一本名為《自畫像：作家眼中的自己》（*Self-Portrait: Book People Picture Themselves*）的書中。關於妳的自畫像，妳只畫了一顆猶太大衛之星，並在上面寫了一句孔子的格言：「每個人都必須拯救世界。」[76]在某種意義上，一個人可能會半開玩笑

---

74 意指流連於時尚咖啡館或餐廳的社交名流。

75 意指有閒有錢，隨時可以搭飛機前往世界各大城市旅遊的人。

76 原文為「Each of us is meant to rescue the world」。查考《論語》，並無近似的句子。此句語義較接近「以天下為己任」或「天下興亡，匹夫有責」。但前者出自《孟子．萬章下》，後者出自顧炎武《日知錄》卷十三。所以此處譯文採直譯。

地說，妳確實遵守了反對繪製人像的宗教禁忌。

答：是的，他們要我畫自己，我三十秒之內就完成了。當然，那是最好的辦法。如果我一開始想這件事，就什麼事也沒法做了。說起來非常好笑，但我準備跟藝術家瑪莉．法蘭克（Mary Frank）學畫畫。我不是想當一名畫家，只是想學習十九世紀的畫法，我想學會約翰．羅斯金[77]描繪威尼斯建築的手法。我想學會畫畫，做為一種記錄、翻譯的手段。

關於我的抽象自畫像，你的觀察沒錯，但那也是因為我不想表現我自己。我已經出版一本《我，及其他》，所有的複雜、兩難都在書中。實際上，其中好幾篇是自傳體形式的故事，但書名是《我，及其他》——「我」的兩邊是加上引號的[78]。我不覺得我在「表達」自己。我創作的重點就是不要表達「我」這個人。我可以把自己「出借」給工作。

問：這讓我想起，高達曾在電影《她的一生》引用過蒙田的一句話：「將你自己借

給他人，但將你自己留給你。」

答：沒錯，我可以出借我自己。假如某件事物恰好符合我在寫的角色，我也許就會把它融入我的作品中，而不是憑空捏造一個完全不同的東西。所以我偶爾會從我的生活中借點素材，因為它們似乎派得上用場。但我不認為我是在表達自己。讓我們假設瑪莉・法蘭克頗有耐心，我也接受了完整訓練，學會如何畫畫，我沒法想像我會畫自己——我會把我自己跟其他東西都當作素材。不過，我所感興趣的是世界。我的所有作品都奠基於一個概念上，也就是：世界確實存在，我確實感覺我身處其中。

問：所以妳在世界之中，世界在妳之中。

77 John Ruskin, 1819-1900。英國維多利亞時期代表畫家，也是著名作家、藝評家與社會改革運動者。作品有《現代畫家》（*Modern Painters*）等。

78 指原文「"I"」而言。

答：是的，我覺得彷彿是我關注著世界。我清楚地意識到何謂「非」我，也為之著迷。我對此很感興趣，也受其吸引，想了解它。

問：在妳之中的世界呢？

答：那當然是真實的，但我不覺得那個隱喻能派上任何用場。我想逃離認為一切都發生在我們腦海中的唯我論（solipsism），這是現代主義感性最強烈的誘惑。

問：妳的小說《死亡之匣》（*Death Kit*）跟這個概念有關吧？

答：沒錯，《死亡之匣》宛如在一個人腦海中迷途了。

問：妳不是在書中說，生活在某人腦海中即是死亡？

答：是的。《死亡之匣》與《疾病的隱喻》都在處理同一個主題。後者是因為我生病而形成的反思，我必須對此加以思索，以拯救我的生命。不過，這些反思是出自某個一開始就已經在思考這類問題的人。我逐漸覺得，這些精神分析理論不僅將疾病有罪化，也是某種形式的唯我論，因為假如你沒有獲得適當的醫療協助，你肯定會死。

在想像中令我著迷的，未必是在人類經驗或知識上吸引我的，雖然我不想做出這種聽起來很蠢的區分。我對我的寫作負責是因為我知道它出自於我，我是它的創作者。但我不認為我的生活也遵循了同樣的原則或繞著同樣的事情在運作。我不是在寫自傳體小說，我只是跟隨著我的幻想。而我的幻想就是關於世界的幻想，而非關我做的那些事情。幻想有趣的地方在於，這些事情確實存在，但我從未親身體驗，如同其他人一般主動去嘗試。我不是說這有什麼好的，這只是存在的另一種方式。如同我說的，我所寫的內容不必然是吸引我的事情。許多我寫的東西，我非但沒有親自體驗過，也壓根不想「有」任何個人經驗。

問：如果說妳認為妳彷彿以某種方式超越了那些事情，這貼切嗎？

答：我不知道這是否算超越。超越的意義很正面。我的意思是，如果我從負面的角度來描述，也許我會說那是「分離」（disassociation），所以我兩者都不會用。充分發揮我的想像力就像帶我去他方的一種手段——這種手段的確引領我脫離我正在做、想、感覺的一切，我如何生活，以及我與人們的關係。這就是我喜歡想像力的原因，以及為何我不願創作自傳形式的作品。我想要書寫我的想像、正在這世上發生的事物，還有「非」我。

問：不過，所謂「非」妳的事物也許就像思考與感覺一般，也是妳的一部分。

答：當然。這並不是我「沒有」表達我自己，而是那並非我喜歡的典型。正如每個人說的，這是一個自我覺醒的時期。如今的嚴肅作家都不再天真。過去確實有真正的嚴肅作家，對他們與形式問題的關係以及他們的所作所為懷著無知的態度。某種共識影響了他們，而且假如他們夠幸運身處一個文化高峰期，在那時他們擁有極美好的素材……這個嘛，就像巴洛克音樂。儘管某些巴洛克作品比其他還出色，但你幾乎不會聽到一首很差的巴洛克樂曲，因為那時期的音樂形式與語言都達到很高的水準。然而，好時光不再。大多數我認識的作家——也包括我自己——現在覺得每一本書都必須與眾不同。

問：對我而言，《我，及其他》中的每篇故事都很獨特。

答：那本書中收錄了八篇故事，對我來說那是八種不同的寫作方式。我認為，如今每件事都是一種飛躍、賭注與危險，那正是它的刺激與強度所在——試圖拓展與超越自我。為了某種程度上的集中，就必須這麼做。一個人必須工作，不是懷著無知的心態在工作，而是在極度內在性（interiorness）的狀態下工作，但這種內在性的狀態會在兩種情況下受破壞與消失：一是假使你過度服從別人的要求，一是過於在乎別人對你工作的想法以及他們的評價。

問：許多人對美國小說與詩歌抱著相當短視與保守的觀點，卻忘了米娜·洛伊[79]、林克·吉列斯庇（Link Gillespie）、哈利·克羅斯比[80]，還有特別是羅拉·雷汀[81]、保羅·古德曼的精采作品。我剛讀完古德曼出色的小說《帝國之城》（*The Empire City*），以及那些他在三〇年代初寫下的強森故事，當時他只有二十一歲。

答：肯定是。這個嘛，你已經提到兩位我的偶像：羅拉·雷汀的《故事的進展》真是為寫作樹立了標竿。雖然幾乎沒人知道這本書，如今也沒人能寫得像她一樣好——不只是後來的人沒有接棒，而是這些人根本達不到。另外，就像你說的，我認為保羅·古德曼的強森故事是二十世紀美國文學經典作品之一。（作者注：八篇強森故事在探討三個年輕紐約客——兩男一女——彼此之間剪不斷理還亂的關係。這些作品收錄在古德曼的《我們陣營的分裂：故事，一九三二—一九三五》〔*The Break-up of Our Camp*〕中，由黑雀出版社〔Black Sparrow Press〕於一九七八年出版）我相信他可以成為我們這個時代偉大的小說家，但他同時也對政治充滿一股知識分子的熱情，投入越來越多的心力寫隨筆，以至於他的小說日趨淺薄。不過，他寫於二十出頭的那些故事依舊是文學偉大的勝利之一。

在我清晨四點睡不著覺時，有一件我會做的事，不是數羊，而是在腦子裡列一張文集的清單。其中之一，就是編一卷收錄羅拉．雷汀、保羅．古德曼等作家的短篇小說集。我相信總有一天會出現這類選集，我也相信他們終究會找到知音（作者注：在桑塔格日記選《正如身體駕御意識》一則一九七八年八月二十日的日記中，她提出了「一個理想的故事集」，內容包括羅伯特．瓦爾澤[82]的《圖恩的克萊斯特》〔*Kleist in Thun*〕、伊塔羅．卡爾維諾的《月亮的距離》〔*The Distance of the Moon*〕、羅拉．雷汀的《地理學的最後一課》〔*A Last Lesson in Geography*〕，以及保羅．古德曼的《分分鐘鐘像暴風雪般地飛逝》〔*The Minutes Are Flying by Like a Snowstorm*〕）。

---

79 Mina Loy, 1882-1966。英國藝術家、詩人、小說家與劇作家。其詩歌頗受艾略特、龐德欣賞。

80 Harry Crosby, 1898-1929。美國詩人與出版商。美國「失落的一代」象徵人物。

81 Laura Riding, 1901-1991。美國詩人、小說家、評論家。

82 Robert Walser, 1878-1956。瑞士德語系詩人、小說家與散文作者。

然而，根據我和現今人們的對話中所聽到的，我必須說現在似乎對所謂現代主義或前衛派充滿疑慮。每個人都急著撇清關係，說那沒什麼好的、那已經破產了、那跟我們脫節或遠遠落後了、那些事物的空洞淺薄已經毫無疑問——就連羅蘭．巴特也這麼跟我說。這些我認識的人們十年前還滿口霍格里耶與高達，如今卻轉而討論托爾斯泰和柯蕾特[83]。我極想逆這股大眾潮流而行，但不是透過運用「現代主義」或「前衛派」這些術語的方式——這些詞彙已經跟不上時代，必須淘汰。假如我想知道如何寫小說，我會去讀羅拉．雷汀或保羅．古德曼的早期作品。人們不再捍衛嘗試尋找新形式的現代作品，這點讓我十分訝異。

當我六〇年代初開始寫作時，曾為「現代」挺身辯護，特別是文學中的「現代」，因為當時主流口味相當庸俗。大概有十年的時間，越來越多人接受我所擁護的觀點。但在過去五年內，人們不僅回頭支持他們原本的立場，情況甚至變得更糟。以前，他們不喜歡是因為無知，他們完全不曉得這東西的存在。現在他們不喜歡，是因為他們以為自己了解這些東西，擁有某種優越感。因此，你必須為荀白克、喬伊斯或摩斯．康寧漢[84]挺身辯護。

如今有一種關於精緻／現代藝術的狹隘看法，令人洩氣到我不願打筆戰。我真的以為，在六〇年代末期，我們已經打了勝仗。但那勝利轉瞬即逝。當有人告訴我，他們不喜歡杜斯妥也夫斯基是因為他非常「混亂」，我會說，等一下！你可以說人們已經讀得太多，他們需要休息一會兒。但我忍不住想：憑什麼他們可以休息？（笑）

問：在妳的電影《卡爾兄弟》（*Brother Carl*）的高潮片段，與電影同名的主角神奇地讓一個啞女開口說話。妳在劇本序言這麼寫著：「生命中唯一有意思的行動就是奇蹟，或者是無能展現出神蹟。而藝術唯一激起人們強烈興趣的主題就是奇蹟。」妳真的相信奇蹟嗎？

---

83 Colette, 1873-1954。法國小說家。擅長描寫女性心理活動與情欲。最著名作品為《琪琪》（*Gigi*），後改編為歌舞片《金粉世界》。

84 Merce Cunningham, 1919-2009。美國重要編舞家與舞者、前衛派領袖之一。其影響力不僅在舞蹈方面，亦遍及音樂與視覺藝術。

答：我認為確實存在著非比尋常的事情，能夠改變一切；我也認為有些行動相當於意識的頓悟；某種似乎不合理的事情確實發生了。儘管我並不是說我們無法解釋奇蹟，因為一切在事後都有辦法解釋，即便只能隨意地解釋。畢竟停止走動的鐘每天也有兩次準確報時的時候。

問：誰說的？

答：我不知道，我想是在《瘋狂》（*Mad*）雜誌[85]中讀到的（笑）。所以，如果你認為奇蹟意指某種無法解釋的事物，那幾乎是毫無意義的看法，因為，正如我說的，人們總是可以找到使奇蹟出現的前因。任何事件皆發生於一系列事件之中，於是，你能找到一些相應的解釋。不過，還是會出現某些似乎不合理或出乎意料的事情，彷彿為某種更激烈、更有創意或更大膽的行動打開了缺口。而那些存在於事物連續性中的表面缺口，宛如頓悟。

順帶一提，它們不總是好的，偶爾還挺糟糕。例如，在某種程度上，你可以從這個角度來研究希特勒。他的所作所為都能在德國歷史上找到前例，然而，他能將這些東西整合在一起，並有效地加以實行。也就是說，希特勒在前人的基礎上往前推進了一步，超越了一切。我們有理由可以相信，倘若沒有希特勒，也許事情完全不會發展到這個地步。這不僅是思想或組織的問題，而是這個男人以惡魔般力量控制其他人的問題。

在我自己與其他人的生命中，曾有過這類經驗。而這經驗做為小說與藝術主題，深深吸引著我。如我所說，我會將這種經驗跟頓悟之類的概念聯繫起來。它也像一個全新的起點，但如同其他概念一般，它可能遭到貶低或輕視，不受承認。因此，對我來說，我的電影《卡爾兄弟》重要之處在於告訴觀眾卡爾「沒有」顯現奇蹟——他無法救活一個剛剛溺水的婦人——在他真的施展奇蹟之前。傳統宗教智慧為何如此隱晦，並時常需要某種特殊儀式來證明你已經準備好去

---

85 創辦於一九五二年的美國幽默雜誌。內容包括對生活各層面、政治、通俗文化、娛樂與公眾人物的諷刺。其傳播力極大，甚至影響了二十世紀的文化地景。

接受它，是因為那並非為了每個人而存在。你可以在任何語境下說任何事情——現代通訊系統的本質就是任何事物都能說，任一情境都等同於其他情境，以至於事物如同攝影一般，可以同時置放於不同脈絡之下。但發生這種情況是某種極大妥協。當然，這也有好處，因為它讓前所未有的意識與行動自由變得可能。但這意指你無法不破壞原創、深刻的意義，因為這些意義無可避免會令人失望、不再純粹、改頭換面或變質——這是一個會回收、重新組合所有事物的世界，而事情會簡化成一個公分母。因此，當你向世界宣告一個幻想、主題或影像的想法時，你可能無法控制或限制該想法接下來的驚人發展。這也許是另一個為何人們有時寧可保持沉默的直接原因。你想和其他人分享某些事物，卻不想餵養這部每日需要上百萬幻想、目標、結果、意見來讓自己運轉的機器。

問：在巴黎訪談的四個月後，我打電話問剛回到紐約的妳，何時可以繼續我們的對話。妳說：「我們得趕快進行這件事，因為我變得很快。」這讓我很吃驚。

答：為什麼？很正常啊（笑）。我覺得我一直都在變，這很難跟別人解釋，因為人們向來認為作家要不是熱中於自我表達，就是透過他們自身的觀點去說服或改變別人。我不認為這些分類適用在我身上。我寫作的理由之一是為了改變我自己。一旦我寫了，就不用再與之糾結。當我在創作時，實際上「是」要擺脫這些想法。這樣說好像是在藐視大眾。因為很明顯地，當我在擺脫這些想法的同時，我也把它們當作我所相信的事物散布出去了。書寫的當下，我「確實」對其深信不疑，不過一旦完稿，我就不再信任它們，因為我對這些事物有了別的想法，而一切變得更加複雜……或者變得更簡單。於是，討論我的作品會變得有點棘手，因為儘管人們喜歡這麼做，但創作一完成，我已經身在別處。

問：這聽起來就像是當妳看到螢火蟲光芒的那一刻，妳知道螢火蟲實際上已經飛往別處去了。

答：是的，既然我再也沒有討論它的興趣，對讀者來說，這似乎很傲慢或不負責任——有點像肇事逃逸。另一方面，我也不想談論新計畫，因為一切還在發展階段。

問：在妳的故事〈傾訴〉（Debriefing）中，妳談到「徹底改變情感的欲望，就像把血液抽出來，換上別的一樣」。在〈舊怨重提〉裡，主角說：「你無法變成其他人。只能在不像你的程度上做點改變罷了。你無法為所欲為。」在《我，及其他》整本書裡，主角們都想變成另一個人，某一「他者」。

答：這個嘛，變成「他者」不是變成某個「特定」的人，而是改變你的人生。「他者」不是「相反」的意思，也許只是……就像覺醒。我非常討厭我只是做我已經知道或幻想過的事情，我喜歡「不」知道接下來要去哪，同時前方還有一條漫漫長路要走。我不喜歡站在起點，也不喜歡看到終點。

問：也許妳比較喜歡在中間點——就像但丁在他的旅程之中。

答：沒錯，我總覺得我在中間點，但更靠近起點。我始終覺得工作只是一份學徒的工作，只要我能完成它，之後我就能做點真正有意思的事情（笑）。

問：妳在妳的故事〈中國旅行計畫〉中提到了重要方位——東、南、中央、西、北——並個別賦予情感上的象徵意義，例如東是憤怒、南是喜悅、西是悲痛、北是恐懼、中心是同情。對我而言，做為同情的中心是一個美麗而平靜的概念。所以，讓我們來談談身處方位中心，以及身處事件之中。

答：沒問題。語言之所以如此美好，就在於我們可以用正、負面的詞彙來描述同一件事。這就是為何語言是無盡的寶藏。比方說，一個大家都聽過的老笑話：我是堅定的、你是固執的、他是老頑固——雖然是三個不同評價的詞彙，卻表達了同樣的行為。因此，我們也許可以說，身處其中在某種程度上被貶成只是一種描述。我不是說這適用於但丁的例子，但當我們說「夾在中間」（in the middle），即意謂某人不想做抉擇，因為他或她害怕採取立場。但處於「中心」（center），整件事就不同了。這不是很有意思嗎？

問：對我來說，處於「中心」暗示著永恆。

答：沒錯，可以從時間的角度想。但「處於中心」是邊緣的對立面，你不想處於自身意識、經驗或時間的「邊緣」。喀爾文[86]曾說：「世界的兩邊都是傾斜的，因此要將你自己擺在中間。」意思就是你可能會摔下去。我們在生活中都知道，總是有人從世界跌落——他們爬上了斜坡，接著就開始往下滑。那是在中間的「另一個」涵義。不過，你只想站在平地上，因為生活無比複雜，你不想用咬得凹凹凸凸的指甲扣住什麼東西的邊緣，在那邊死撐著。很多人都是如此，因為他們無暇他顧。而且從他們支撐下去的地方來看，他們只是盡力不跌個粉身碎骨而已。

問：據說巴哈跟管絃樂團合作時，喜歡演奏中音部或次中音的樂器，因為他可以更專注於高音與低音樂器的獨特聲線。所以，藉由站在樂團中間位置的優勢，巴哈能真正捕捉到周遭聲音的變化。

答：關於巴哈的這個故事真的很有趣。非常棒。人們並不知道「中立」存在著一個主動的涵義。最高形式的中立並不在於「我不會選邊站」的態度，而在於同情。你會見到不僅僅是導致人們分裂或採取不同立場的那些事物。

問：就中間與兩端的情況而言，我想問妳「個人的」起點。在〈中國旅行計畫〉裡，妳提到自己「荒漠的童年」，讓妳無可救藥地愛上炎熱與熱帶。

答：我有一個全然無根的童年。實際上，我小時候搬過很多次家。然而，其中有個地方令我印象深刻，那就是亞利桑納州南部。那是我對童年的「想像」。其餘我所謂的童年時光則在洛杉磯度過。我就讀該地的北好萊塢高中（North Hollywood High School）。

問：人們創造了許多地理上的對立面，例如加州與紐約、北加州與南加州，以及紐

---

[86] John Calvin, 1509-1564。法國重要宗教改革家與神學家。提出「預選說」，主張信徒得救與否，上帝會預先決定。信徒唯一能做的是努力工作、累積財富以榮耀上帝。

約與巴黎。

答：但我喜歡這樣。我喜歡同時住在兩個地方。自從我擁有可以這麼做的自由之後，過去十年內我盡可能過著這種生活。

問：依妳之見，紐約和巴黎在某種意義上是截然相反的嗎？

答：我之所以住在巴黎，而不是西歐其他地方——雖然羅馬也行——是因為我在那邊有朋友，也因為法語是我唯一流利的外語。我喜歡生活在一個不是美國的地方。

問：妳似乎特別親近法國生活與文化？

答：沒錯。我是。那就是為何我最終在那個地方重新開始。在我的腦海中，想像中的法國包括了梵樂希[87]、福樓拜、波特萊爾、蘭波與紀德。但這個法國跟今日的法國無關。只有前者才對我意義深遠。我知道那個法國已是過往雲煙，但我喜歡置身在那個環境裡，在發生過那些事件的美麗建築裡，聆聽那個語言。

從土桑（Tucson）[88]到洛杉磯是一個巨大的轉變。在洛杉磯上完高中後，我去了柏克萊，再到芝加哥大學，研究所則進了哈佛。然後在加州待了一段短暫時光，接著我到了紐約。一般人以為我是紐約客，但其實我直到二十六歲才搬到紐約……我到紐約時的心情，就彷彿是瑪莎（Masha）終於抵達莫斯科。我一直渴望在紐約生活，然後我發現我終於有機會能這麼做了。是我自己選擇當一名紐約客的。

問：跟妳相反，我是道地紐約客，但當我即將從哥大畢業，準備申請研究所時，有

---

87 Paul Valéry, 1871-1945。法國詩人與哲學家。一生創作量不多，但享「詩哲」、「二十世紀最偉大法國詩人」之名。

88 美國亞利桑納州第二大城。

人遞給我亨利・米勒[89]的《大瑟爾[90]與耶羅尼米斯・博斯的橘子》（*Big Sur and the Oranges of Hieronymus Bosch*），這本書給了我加州夢。然後，就像妳突然發現了比爾海利與彗星合唱團一樣，有一天當我打開收音機，初次聽見海灘男孩（Beach Boys）的《有趣、有趣、有趣》（*Fun, Fun, Fun*），我就領悟到舊金山是我該去的地方。我真的認為那一刻我徹底放棄了常春藤聯盟——或其他聯盟——只申請加州的研究所。加州於我，就如同巴黎於妳。我偶爾會在哥倫比亞學院碰到妳，我清楚記得，有一次我跟妳說我想去加州念研究所，妳的回答是：「你怎麼可以那麼做？」我得說，妳聽起來就像一個心胸狹隘的典型紐約客，看不起加州！

答：但我覺得我有權批評加州，因為我太熟悉那個地方了。我至少一年會回去兩次，也有些住在灣區的好友。但我必須承認，他們大多來自東岸。我的朋友很少是土生土長的加州人。

問：同樣地，我幾乎不認識土生土長的紐約客。

答：是的，但我非常喜歡東北部。我覺得加州缺乏太多東西。加州與歐洲大陸、歷史、知識界，以及與體現在十九世紀文學中——一個蠢名稱——那個充滿感覺、憂慮、活力的世界毫無關聯。對加州來說，這一切都太「遙不可及」了。

問：但那也是加州很棒的地方。那確實存在。不過，也許人們會說，比起羅伯·洛威爾[91]，加州比較像蓋瑞·史耐德[92]。儘管諷刺的是，我參加過最動人的詩歌朗誦活動之一就是羅伯·洛威爾一九六五年在柏克萊的讀詩會。

答：這個嘛，我確實也感受到雙方面的影響。正如我們先前所說的，這就是身為「在中間」的作家的特權之一。我尊重與表達這些不同種類的渴望。既然我完

---

89 Henry Miller, 1891-1980。二十世紀美國重要作家，極富爭議。成名作為《北回歸線》（*Tropic of Cancer*）。

90 加州一段人跡罕至、風景優美的海岸線，長達一百六十公里。

91 Robert Lowell, 1917-1977。美國著名詩人。早期詩風注重修辭與知識，而後轉為注重個人經驗與獨白。

92 Gary Snyder, 1930-。美國著名詩人，也是積極的環保運動者。曾翻譯唐朝詩人寒山的二十四首詩作。其詩風深受道家、佛家影響。

全不擅長雄辯，我不必像勞倫斯（D.H. Lawrence）一樣決定人們應該放棄或堅持下去。我不知道如何放棄一切（笑）。但就我們談的精神地理學來說，我更鍾情紐約……並擁有可以從紐約去地中海或去加州的自由。你必須到處移動。我沒辦法一年十二個月或十個月都住在紐約。這壓根是不自然的。不過，那又如何？你必須打造一方屬於自己的空間，一方擁有靜默與書本的空間。

我忠於紐約這座城市，這地方不僅是我的基地，也是一處我能回家的所在。我之所以選擇紐約做為我生活的中心，是因為大多數我最親近的人都住在這裡——特別是我兒子、我的編輯們、我的好友。我在懸崖上有一個小洞（niche）[93]，可以收藏我大部分的書。不過，紐約很驚人地缺乏各種自然環境。你不會接觸到任何一種會自然生滅的東西。你無法躺在地上仰望星空，欣賞滿天星光，這些會讓我們了解人類難免一死，以及人類在宇宙中的位置——這很可怕沒錯，但也非常美好。在紐約，你只是走過一棟又一棟的建築。

問：因此妳沒有康德「頭頂的燦爛星空」，而只有「內心的道德法則」。

答：（笑）沒錯。我確實思念星星。但這裡有半年的時間人們都能見到蔚藍天空，巴黎可不是這樣。而且燈光棒極了。所以有某種東西形成了聯繫。

問：我們的討論讓我想起一句「文化由地理決定」的陳腔濫調。

答：人們定義自身的方式絕大多數都依照他們對地方的概念。我最近在印第安那州遇見一個女人——一位非常有趣、聰明的女人，長年住在那裡——然後，她因為孩子已經長大成人，終於決定搬來東岸。她說：「這個嘛，對我而言，波士頓最適合我。因為它在『東岸』，有許多『事情』在這邊發生，離歐洲也不遠。紐約的話，就太多了。」但這完全基於一種迷思。她將自己定義為一名可以從印第安那搬到波士頓的女人，但不是從印第安那搬到曼哈頓，只因為後者

93 此字源於法文。意思之一是「壁龕」，因信奉天主教的法國人建造房子時，會在外牆上挖鑿一個小神龕，以供奉聖母瑪麗亞。另一個意思是「懸崖上的石縫」，人們在登山時，需要這些石縫做為支撐點往上爬。就此處上下文判斷，應為雙關語，因此譯為「小洞」。

是一個更劇烈的改變。老實說，不是的。

問：不過，我懂她的意思。

答：我也了解她想表達什麼，但那還是基於一個盛行的迷思。她還是得賣掉她印第安那的房子，在波士頓找份工作，展開她的全新生活，這不管是在波士頓或紐約都一樣麻煩。不過，她的決定建立在一個文化幻想的基礎上，意即波士頓相對安靜、沒那麼混亂，也沒那麼多刺激。

問：但那是事實！

答：對。但那是基於一個波士頓是波士頓、紐約是紐約的迷思。其他人也許就會說：「天哪，我竟然在印第安那住了二十年，現在我得來點真正的東西。」他們的所作所為只是為自己下定義。然而，他們的意思不同於那個印第安那女人說的：「這個嘛，我先在波士頓待個五年，之後我也許會覺得已經準備好去紐約了。」不過，你知道的，無論哪一座城市，都住著形形色色的人。

問：但儘管加州與紐約都吸引妳，妳自己仍舊喜歡後者甚於前者。因此，某種意義上，妳也受到那個迷思的影響。

答：是的，不過我受到的影響或許沒那麼深。換言之，當我說我喜歡住在紐約，我的意思是我喜歡住在一個居民自覺選擇的地方。一談到紐約，人們首先還是會從迷思的層面去看。紐約是世界之都，也是美國的文化首都。無論好壞，這樣的說法沒錯。比起其他地方，這裡確實住著更多有所作為的人。所以，假設你住在這裡，就好像在說，好，我想住在一個有「更多」事情發生、多到我不一定有時間參與的地方。我不是說我要參與所有的事情，而是我想知道我「辦得到」，我想擁有那樣的機會。另一個住在紐約的理由是，我想認識有野心、求新求變的人。你遇到一個加州人，他們會說聲嗨！……然後就是一片巨大的沉默（笑）。這沒什麼錯。我只是停不下來而已。

問：最棒的莫過於在加州忙個不停，然後在紐約說嗨。

答：一點也沒錯。我得告訴你，當我初到紐約時，確實覺得紐約人無禮、粗魯、刻薄，現在好多了。我以前習慣於西岸的友善、好客與仁慈，人們更仁慈、更禮貌、不那麼傷人。另外，我說話的方式與我臉上總掛著微笑的特質，都非常地加州。我不是一個防禦心強、自我保護或多疑的人。

問：然而，在〈中國旅行計畫〉中，妳說：「在某處，在我內心的某個地方，我是冷淡的。」

答：但我不是故事中的人物。我不認為我是冷淡的人。儘管在我的小說中，有個角色用第一人稱敘事觀點說了那些話，但那不是我。我在人生不同階段中始終像藝術家一樣，隱藏自己，埋首工作與閱讀中，只跟一些朋友來往。我畏懼世界，因為人們會叫我放棄我正在做的事情，我一點都不想聽到這些雜音，也不想為之煩心。許多人，特別是女人，會問我：「為何妳不會感到沮喪？妳一定明白，妳不應該擁有這些抱負。」我從未氣餒，因為我向來都拒絕聽那個要我放棄的聲音。然而，為此我在某種意義上必須關掉我的聽覺能力。所以，如果說我冷淡，那只是我直覺地保護自己，避開那些會讓我沮喪的事情。如同人們所說的：「別那麼做，要不然妳一輩子都會嫁不出去！」（笑）

問：在妳的電影《食人族二重奏》（*Duet for Cannibals*）中，有一幕是某人在幫另一人的頭綁繃帶，當下似乎傳達了一個訊息，意即認同與傷口的關聯。在妳的文章〈沒有嚮導的旅遊〉裡，妳寫道：「我們離起初有多遠？我們第一次感到痛是什麼時候？……流血不止的傷口，對另一個地方的強烈期盼。為了把此地變成他方。」妳難道不覺得，做為一個縮影，這暗示了許多我們在訪談中不斷提及的東西？

答：那就是為何這個故事會放在《我，及其他》的最後。

問：不過，我想把它跟那本書的開頭做個連結。在第一個故事〈中國旅行計畫〉裡，妳寫道：「要善良，一個人就必須更單純。更單純，就如同回歸到起源。」澳洲評論家卡爾．克勞斯（Karl Kraus）對此的看法是：「起源就是我們的目標。」這是妳的目標嗎？

答：我不想回到我的起源。我認為那只是一個出發點。我已經走得很遠了，而且就是這個與起源之間的距離讓我感到開心。如同我先前說的，我的童年居無定所，家庭也四分五裂。我在紐約有許多近親，但我從未見過他們。我不知道他們是誰。而這與我在一個極度破碎的家庭中長大有關。我無處可歸，也無法想像如果我去找的話，起源會是什麼模樣。我一輩子都在逃離。然而，許多人確實擁有著什麼，而那很美好。

我認為是我創造了我自己——那是我的幻覺。我甚至認為我是自學成才，儘管我實際上在柏克萊、芝加哥與哈佛受過良好教育。不過，基本上我仍然認為我無師自通。我從來不是誰的學生或門徒，我的起步純粹靠自己。我「在事業上有所成」並非因為我是某人的情人、妻子或女兒。我也沒想過其他方式。但我也不覺得接受幫助是個壞主意。如果你能得到幫助也很好。但我喜歡一切自己來。我覺得我非這麼做不可，我將這種處境當作一種挑戰，這讓我躍躍欲試。

你知道，我始終有個幻想，一個永遠不會實現的幻想，因為我不知道該怎麼著手，更何況我也不一定有足夠時間讓這個幻想變得有價值。不過我確實幻想把一切破壞殆盡，再以一個筆名從頭來過，沒人知道那是我的筆名。我很樂意這麼做，一切重新開始，也無需背負既有作品的包袱，應該很棒。我猜我會用不太一樣的方法來做事情……也許不會。也許我只是跟自己開玩笑。也許我會隨便用一個名字發表，每個人看了都會哄堂大笑說：「這肯定是蘇珊．桑塔格寫的！」因為我寫不出一篇沒有自己印記的文章。但我想表達的是，我的概念就是一直往前進，新的起點，以及「不」再回到原初之地。

最後，我認為，我們必須打破煽動人心的錯誤詮釋……我確實致力於此。在更偉大的時刻，我想像自己承擔砍下頭顱的任務——如同赫格力士與依德拉——當然，我明白，同樣的錯誤意識與蠱惑人心的思想也會在別處出現。但我永遠不會放棄，而且我知道其他人也會繼承這個使命。

我之前說過，作家的任務就是關注世界，但我認為作家的任務，如同我賦予我自己的，同樣也是抨擊並反對各種謬誤……再強調一次，我明白這是一項永無休止的任務，既然我們無法終結源源不絕的謬誤或錯誤的意識、詮釋體系。不過，無論在哪個世代，總有一群人與這些事物搏鬥。不過讓我十分不安的是，在這世上大多數的地方，對社會的唯一批評竟來自國家本身。無論這想法多麼唐吉訶德（quixotic）[94]，我認為應該總會有自由獨立的人試著砍下更多頭顱，試著打破幻覺、謬誤與煽動人心的言行，讓事物更形複雜，因為有一股難以抵擋的趨勢試圖讓事物變得更簡化。然而，對我而言，最糟的事情莫過於我認同所有我寫過、說過的東西——「這」讓我非常地不自在，因為，那意謂著我停止了思考。

94 意謂太過理想主義，不切實際。

謝辭

我特別感謝蘇珊・桑塔格的兒子，作家大衛・里夫。還有我的編輯，也是桑塔格摯友之一，史帝夫・魏塞曼（Steve Wasserman）。沒有他們的鼓勵與指導，這本書就無法完成。我也要特別感謝簡・溫拿（Jann Wenner）委託我幫《滾石》雜誌採訪蘇珊・桑塔格。這本書的刪節版發表於《滾石》一九七九年十月四日當期。本書則是完整版首次披露。

我也非常感激耶魯大學出版社發行人約翰・多納帝區（John Donatich）、總編輯克里斯多夫・羅傑斯（Christopher Rogers），以及我的責任編輯丹・希頓（Dan Heaton）。

國家圖書館出版品預行編目資料

我不喜歡站在起點，也不喜歡看到終點：桑塔格《滾石》雜誌訪談錄／強納森．科特（Jonathan Cott）著；黃文儀譯. -- 初版. -- 臺北市：麥田，城邦文化出版：家庭傳媒城邦分公司發行，2016.05
面；　公分. --（桑塔格作品集；13）
譯自：Susan Sontag : The Complete Rolling Stone Interview
ISBN 978-986-344-343-8（平裝）
1. 桑塔格（Sontag, Susan, 1933-2004）　2. 訪談

785.28　　105006141

桑塔格作品集 13

我不喜歡站在起點，也不喜歡看到終點

桑塔格《滾石》雜誌訪談錄

Susan Sontag: The Complete Rolling Stone Interview

作　　者／強納森．科特（Jonathan Cott）
譯　　者／黃文儀
責 任 編 輯／江灝
校　　對／吳淑芳
主　　編／林怡君

國 際 版 權／吳玲緯　陳曼晴
行　　銷／艾青荷　蘇莞婷　黃家瑜
業　　務／李再星　陳玫潾　陳美燕　枏幸君
副 總 經 理／陳瀅如
編 輯 總 監／劉麗真
總　經　理／陳逸瑛
發　行　人／凃玉雲
出　　版／麥田出版
10483臺北市民生東路二段141號5樓
電話：(886)2-2500-7696　傳真：(886)2-2500-1967
發　　行／英屬蓋曼群島商家庭傳媒股份有限公司城邦分公司
10483臺北市民生東路二段141號11樓
客服服務專線：(886) 2-2500-7718、2-2500-7719
24小時傳真服務：(886) 2-2500-1990、2-2500-1991
服務時間：週一至週五09:30-12:00、13:30-17:00
郵撥帳號：19863813　戶名：書虫股份有限公司
讀者服務信箱E-mail：service@readingclub.com.tw
麥 田 網 址／http://ryefield.com.tw
香港發行所／城邦（香港）出版集團有限公司
香港灣仔駱克道193號東超商業中心1樓
電話：(852)2508-6231　傳真：(852)2578-9337
E-mail：hkcite@biznetvigator.com
馬新發行所／城邦（馬新）出版集團【Cite(M) Sdn. Bhd. (458372U)】
41, Jalan Radin Anum, Bandar Baru Sri Petaling, 57000 Kuala Lumpur, Malaysia.
電話：(603)9057-8822　傳真：(603)9057-6622
電郵：cite@cite.com.my

封 面 設 計／賴佳韋
印　　刷／前進彩藝有限公司

初 版 一 刷／2016年5月

定價／280元
ISBN／978-986-344-343-8